Tartes & Tartelettes

Catherine Kluger

Tartes & Tartelettes

100 Rezepte von Paprikatarte bis Mangotörtchen

Fotografie OLIVIER MALINGUE
Foodstyling ÉLODIE RAMBAUD

CHRISTIAN

EINFÜHRUNG

Ein Kochbuch nur mit – pikanten und süßen – Tarte-Rezepten? Warum nicht!
Eine Tarte kommt immer an, und man kann sie zu jeder Gelegenheit servieren.

Zum Frühstück, begleitet von einer Tasse Kaffee oder Tee, als Mittagessen für
die ganze Familie, als nachmittäglichen Imbiss für die Kinder, zum Aperitif mit
Freunden, bei einem festlichen Abendessen, ja sogar beim Fernsehen …
Ob Sie sie nun direkt von der Hand in den Mund oder mit dem Silberbesteck
genießen – mit einer Tarte liegen Sie immer richtig.

Jede der hier vorgestellten Tartes hat ein besonderes Extra. Mal sind das Kerne
oder Samen, mal Kräuter oder Gewürze, mal sind es zerstoßene Zuckerdragees,
mal ist es ein zerkleinerter Karamellriegel. Und auch die Klassiker wurden
ein bisschen aufgepeppt: Die Quiche Lorraine mit grobkörnigem Senf, die
Lauchtarte mit Schmelzkäse, die Schokoladentarte mit einem cremigen Herz aus
Kaubonbons …

Ich hoffe, die traditionellen und zugleich außergewöhnlichen Rezepte in diesem
Buch machen Ihnen Lust, die Tartes auszuprobieren. Und wenn Sie dabei genauso
viel Spaß haben wie ich beim Ausdenken und Aufschreiben der Rezepte …

HINWEISE ZU DEN MENGEN UND GRÖSSEN

Die Rezepte sind jeweils für 4 Personen und
eine Form oder einen Ring mit 20 – 22 Zentimeter
Durchmesser und 3,5 Zentimeter (süße Tartes)
bzw. 4 Zentimeter (pikante Tartes) Höhe berech-
net. Die Form kann durchaus auch höher sein,
denn die Ränder der Tartes sinken beim Blindbacken häufig etwas ein. Und wer möchte, kann
die großen Tartes natürlich auch in kleinen
Förmchen zubereiten.
Sofern nicht anders angegeben, werden die
pikanten Tartes heiß oder warm gegessen, die
süßen sollten dagegen in der Regel vor dem
Servieren auskühlen oder sogar gut gekühlt
werden.

INHALT

Pikante
TARTES

So gelingt Ihr
MÜRBETEIG

Zubereitung: 20 Minuten   Ruhen: 1 Stunde 30 Minuten   Backzeit: 30 Minuten

Für den Teig
200 g Mehl (Type 450 oder 550)
1 Prise Salz
90 g sehr kalte Butter, gewürfelt
1 Ei
20 ml eiskaltes Wasser
Zum Bestreichen
1 Ei

Das Mehl mit dem Salz mischen. Die Butter hinzufügen und alles mit den Finger-spitzen vorsichtig zu einem feinkrümeligen Teig verarbeiten. Darauf achten, dass die Butter nicht zu warm wird (1).
Das Ei mit dem Wasser verquirlen (2), zur Mehlmischung geben und das Ganze – am besten mit den Handballen (3) – rasch zu einem homogenen Teig verarbeiten. Den Teig dabei keinesfalls zu sehr durchkneten. Der Teig kann auch in der Kü-chenmaschine zubereitet werden. Den fertigen Teig zu einer Kugel formen, in Frisch-haltefolie einschlagen (4) und mindestens 1 Stunde im Kühlschrank ruhen lassen.
Die Teigkugel mit dem Nudelholz flach drücken und auf der mit Mehl bestaubten Arbeitsfläche zu einer Scheibe ausrollen, die größer sein sollte als die Form oder der Ring (5). Die Form großzügig mit Butter einfetten und mit dem Teig ausklei-den. Den Teig am Rand gut andrücken (6). Den Teig mehrfach mit einer Gabel einstechen (7) und erneut für mindestens 30 Minuten kalt stellen.
Aus Backpapier einen Kreis in der Größe der Form ausschneiden. Den Boden damit abdecken, mit getrockneten Hülsenfrüchten beschweren (8) und im auf 160 °C vorgeheizten Backofen 30 Minuten blindbacken.
Die Hülsenfrüchte und das Papier entfernen und den Boden mit dem verquirlten Ei bepinseln.
Die Form nochmals für 3 Minuten in den Backofen schieben, damit das Ei trocknet und der Teig nach dem Belegen oder Garnieren nicht durchweicht.

Wichtig: Die Butter muss sehr kalt sein. Den Teig erst ausrollen, wenn er ausrei-chend lange im Kühlschrank ruhen durfte, und vor dem Blindbacken unbedingt noch einmal kalt stellen, damit er nicht aufgeht oder am Rand zu sehr einsinkt.

Variation: Um dem Teig mehr Geschmack und „Biss" zu verleihen, noch eine Handvoll Mohn, gerösteten Sesam, Kreuzkümmel, Kümmel ... zusammen mit dem Salz unter das Mehl mischen.

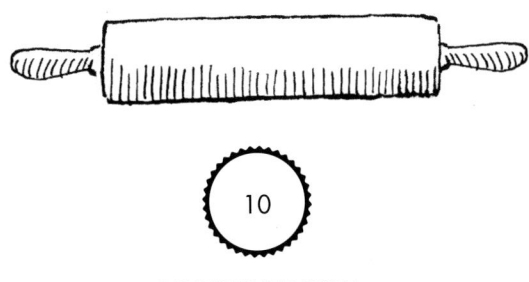

10

GRUNDCREME
Zubereitung: 5 Minuten

3 Eier
100 ml Sahne
300 ml Milch
Salz, Pfeffer

Die Eier über einer Schüssel aufschlagen und mit dem Schneebesen kräftig mit Sahne, Milch, etwas Salz und Pfeffer verrühren.

DIE VORBEREITUNG DER GARNITUR
Verwenden Sie nach Möglichkeit frisches Gemüse der Saison – idealerweise Biogemüse – und bereiten Sie es erst unmittelbar vor dem Gebrauch zu.

Muss das Gemüse vorgegart werden, sollte es trotzdem noch al dente sein, denn es gart beim Backen weiter.

Damit die Tarte schön appetitlich aussieht, ist es wichtig, zum Schneiden und Raspeln das richtige Werkzeug zu verwenden. Besonders dünn und gleichmäßig werden Scheiben mit einem Gemüsehobel. Sollten Sie keinen besitzen, nehmen Sie am besten ein scharfes Küchenmesser. Eine gute Reibe benötigen Sie unter anderem für Karotten, Zucchini oder Kartoffeln.

WÜRZEN
Verlangt das Rezept, das Gemüse mit Salz und Pfeffer zu würzen, denken Sie daran, dass die Grundcreme bereits gewürzt ist.

KRÄUTER ZERKLEINERN

Minze, Koriandergrün, Petersilie, Majoran, Estragon, Salbei, Basilikum,
Schnittlauch … all diese Kräuter verleihen den Tartes Aroma und heben ihren
Geschmack. Wichtig ist allerdings, dass man sie richtig vorbereitet.

Verwenden Sie möglichst frische Kräuter der Saison – am besten aus biologischem
Anbau –, denn sie haben einen intensiveren Geschmack.
Die Kräuter gründlich in kaltem Wasser waschen und – idealerweise in einer
Salatschleuder – trocken schleudern.
Die Stiele werden in der Regel nicht verwendet. Deshalb die Blätter vor dem
Zerkleinern vorsichtig abzupfen. Und Schnittlauchhalme einfach in feine Röllchen
schneiden.
Um die Blätter zu zerkleinern, haben Sie drei Möglichkeiten: mit dem (Wiege-)
Messer, mit einer Schere oder in der Küchenmaschine bzw. einem speziellen
Minimixer. Um sie mit dem Messer zu hacken, die Blätter in kleinen Häufchen
auf ein Küchenbrett legen. Das Messer am Griff fassen, die Messerspitze mit der
zweiten Hand auf dem Brett halten und die Kräuter durch mehrere Auf- und
Abbewegungen des Messers hacken. Um sie mit der Schere zu schneiden, die
Blätter in ein niedriges Glas füllen und dort mit der Schere zerschneiden. Wenn
Sie eine Küchenmaschine verwenden, darauf achten, dass die Messer nicht heiß
werden. Die Maschine deshalb nicht zu lange laufen lassen und den Messerein-
satz vorher eventuell für 15–20 Minuten in die Gefriertruhe legen. Die geschnittenen Kräuter können – in einer mit Küchenpapier ausgelegten Kunststoffdose –
2 bis 3 Tage im Kühlschrank aufbewahrt werden.

THUNFISCH + ERBSEN + MINZE

Vorbereitung: 20 Minuten Backzeit: 30 Minuten

100 g grüne Erbsen (frisch oder tiefgekühlt)
Salz
3 Zweige frische Minze
1 Dose (185 g) Thunfisch im eigenen Saft
1 Rezeptmenge Grundcreme (siehe Seite 12)
1 EL Dijonsenf
50 g Parmesan, frisch gerieben
1 Mürbeteig-Tarteboden, vorgebacken
(siehe Seite 10)

Den Backofen auf 160 °C vorheizen. Die Erbsen 5 Minuten in Salzwasser
kochen, abgießen und sofort in Eiswasser abschrecken, damit sie schön grün
bleiben und nicht weitergaren.
Die Minze unter fließendem Wasser waschen, die Blätter abzupfen und fein
schneiden.
Den Thunfisch in ein Sieb geben, gut abtropfen lassen und zerkleinern.
Die Grundcreme zubereiten und Senf, Parmesan und Minze unterrühren.
Die Hälfte der Erbsen und den Thunfisch auf dem Tarteboden verteilen, die
restlichen Erbsen darüberstreuen, die Grundcreme darübergießen und
die Tarte 30 Minuten backen.

LAUCH + SCHMELZKÄSE

Vorbereitung: 30 Minuten Backzeit: 30 Minuten

4 Stangen Lauch (nur die weißen Teile)
3 EL Olivenöl
Salz, Pfeffer
1 Rezeptmenge Grundcreme (siehe Seite 12)
6 Portionspäckchen Schmelzkäse (etwa 100 g)
1 Mürbeteig-Tarteboden, vorgebacken
(siehe Seite 10)

Den Backofen auf 160 °C vorheizen. Den Lauch
gründlich waschen und in feine Ringe schneiden. Das
Olivenöl in einem Topf erhitzen und den Lauch,
eventuell mit etwas Wasser, bei mittlerer Hitze darin
weich garen. Mit Salz und Pfeffer würzen und
abkühlen lassen.
Inzwischen die Grundcreme zubereiten. Vier Portio-
nen Schmelzkäse in Stücke schneiden und
unterrühren.
Die Creme mit dem abgekühlten Lauch vermischen
und auf dem Tarteboden verteilen. Den restlichen
Schmelzkäse fein würfeln und darüberstreuen. Die
Tarte 30 Minuten backen und heiß servieren.

ZWIEBELN + KÜMMEL + SCHWARZE OLIVEN

Vorbereitung: 30 Minuten Backzeit: 30 Minuten

4 Zwiebeln
2 EL Olivenöl
1 EL Zucker
1 EL Kümmel oder frische Thymianblättchen
Salz, Pfeffer
1 Rezeptmenge Grundcreme (siehe Seite 12)
1 Mürbeteig-Tarteboden, vorgebacken (siehe Seite 10)
10 schwarze Oliven, entsteint

Den Backofen auf 160 °C vorheizen. Die Zwiebeln
schälen, halbieren und in sehr feine Scheiben
schneiden.
Das Olivenöl in einer Pfanne erhitzen und die
Zwiebeln bei sehr geringer Hitze darin glasig schwitzen.
Den Zucker hinzufügen und karamellisieren lassen.
Kümmel oder Thymian dazugeben, mit Salz und
Pfeffer würzen und abkühlen lassen.
Inzwischen die Grundcreme zubereiten.
Die Zwiebeln auf dem Tarteboden verteilen, die
Grundcreme darübergießen, die Tarte mit den Oliven
garnieren und 30 Minuten backen.

QUICHE LORRAINE MIT DREIERLEI SCHINKEN + SENF

Vorbereitung: 20 Minuten Backzeit: 30 Minuten

2 Scheiben gekochter Schinken
2 Scheiben roher Schinken
20 g durchwachsener Räucherspeck in Scheiben
1 Rezeptmenge Grundcreme (siehe Seite 12)
1 EL grobkörniger Senf
40 g Parmesan, frisch gerieben
1 Mürbeteig-Tarteboden, vorgebacken
(siehe Seite 10)

Den Backofen auf 160 °C vorheizen. Die Schinkenscheiben in Stücke zupfen.
Den Räucherspeck unter dem Backofengrill oder
in einer Pfanne ohne Fett knusprig braten und zerbröseln. Schinken und Speck auf dem Tarteboden verteilen.
Die Grundcreme zubereiten, mit Senf und Parmesan
verrühren und über den Schinken gießen. Die Tarte
30 Minuten backen und heiß servieren.

vorhergehende Doppelseite:
links: LAUCH + SCHMELZKÄSE
rechts: ZWIEBELN + KÜMMEL + SCHWARZE
OLIVEN

KARTOFFELN + KERBEL + SCHNITTLAUCH + ESTRAGON

Vorbereitung: 30 Minuten Backzeit: 30 Minuten

350 g ganz kleine festkochende Kartoffeln
Salz, Pfeffer
1 Mürbeteig-Tarteboden, vorgebacken (siehe Seite 10)
½ Bund Kerbel
½ Bund Schnittlauch
½ Bund Estragon
1 Rezeptmenge Grundcreme (siehe Seite 12)

Den Backofen auf 160 °C vorheizen. Die Kartoffeln
waschen und 15 Minuten in Salzwasser kochen.
Abgießen, pellen, in Würfel schneiden, mit Salz und
Pfeffer würzen und auf dem Tarteboden verteilen.
Während die Kartoffeln kochen, die Kräuter waschen,
die Blätter abzupfen und fein schneiden. Die Grundcreme zubereiten und die Kräuter unterrühren oder
mit der Creme grob pürieren. Über die Kartoffeln
gießen und die Tarte 30 Minuten backen.

ROTE LINSEN + RÄUCHERTOFU + KÜRBISKERNE

Vorbereitung: 30 Minuten Backzeit: 30 Minuten

150 g rote Linsen
Salz, Pfeffer
½ Bund Koriandergrün
125 g geräucherter Tofu
1 EL Pflanzenöl
3 Eier
1 Dose (400 ml) Kokosmilch
1 TL Currypulver
200 g frische Tomaten oder Tomatenstücke aus der Dose
1 Mürbeteig-Tarteboden, vorgebacken (siehe Seite 10)
1 EL Kürbiskerne

Den Backofen auf 160 °C vorheizen. Die Linsen
10 Minuten in Salzwasser kochen, abgießen und
abtropfen lassen.
Inzwischen die Korianderblätter fein schneiden, den
Tofu trocken tupfen und fein würfeln.
Das Öl in einer Pfanne erhitzen und den Tofu darin
goldbraun braten.
In einer Schüssel die Eier mit Kokosmilch, Currypulver und Koriandergrün verquirlen und mit Salz und
Pfeffer würzen.
Die frischen Tomaten überbrühen, enthäuten, von
den Samen befreien und würfeln. Die Tomatenwürfel
mit den Linsen mischen und auf dem Tarteboden
verteilen. Den Tofu darüberstreuen und die Eiermilch
darübergießen. Die Tarte mit den Kürbiskernen
bestreuen und 30 Minuten backen.

KAROTTEN + ESTRAGON + SONNENBLUMENKERNE

Vorbereitung: 45 Minuten Backzeit: 40 Minuten

500 g Karotten
1 Zwiebel
Salz, Pfeffer
½ Bund Estragon
3 Eier
100 ml Sahne
1 TL geriebene Muskatnuss
1 EL Olivenöl
1 Mürbeteig-Tarteboden, vorgebacken (siehe Seite 10)
1 EL Sonnenblumenkerne

Den Backofen auf 160 °C vorheizen. Die Karotten
putzen, die Zwiebel schälen. Die Karotten in Stücke,
die Zwiebel in Ringe oder feine Würfel schneiden. Die
Karotten in 30 Minuten weich dämpfen oder in
Salzwasser kochen.
Inzwischen den Estragon waschen, die Blätter
abzupfen und fein schneiden. In einer Schüssel die
Eier mit Sahne, Muskatnuss und Estragon verrühren
und mit Salz und Pfeffer würzen.
Die Zwiebel im Olivenöl anschwitzen.
Die Karotten mit der Zwiebel zu einem glatten Püree
verarbeiten und die Eiermasse unterrühren. Den
Tarteboden mit der Mischung bedecken, mit den
Sonnenblumenkernen bestreuen und 40 Minuten im
Ofen backen.

vorhergehende Doppelseite:
links: KARTOFFELN + KERBEL + SCHNITTLAUCH + ESTRAGON
rechts: ROTE LINSEN + RÄUCHERTOFU + KÜRBISKERNE

GARNELEN + KAROTTEN + ZUCCHINI + BASILIKUM + INGWER

Vorbereitung: 30 Minuten   Backzeit: 30 Minuten

150 g kleine Zucchini
150 g Karotten
Salz, Pfeffer
½ Bund Basilikum
300 g Tiefseegarnelen, gekocht
20 g Ingwer
1 unbehandelte Limette
1 Mürbeteig-Tarteboden, vorgebacken (siehe Seite 10)
1 Rezeptmenge Grundcreme (siehe Seite 12)

Den Backofen auf 160 °C vorheizen. Die Zucchini waschen, die Karotten putzen.
Beides fein reiben und 1 Minute in kochendem Salzwasser blanchieren.
Sofort in ein Sieb abgießen, unter fließendem kaltem Wasser abschrecken und
gut abtropfen lassen.
Das Basilikum waschen, die Blätter abzupfen und fein schneiden.
Die Garnelen schälen und in eine Schüssel legen. Den Ingwer schälen und
über die Garnelen raspeln. Die Schale von der Limette abreiben und den Saft
auspressen. Die Limettenschale und zwei Esslöffel Limettensaft, das geriebene
Gemüse und das Basilikum unter die Garnelen mischen und mit Salz und
Pfeffer würzen.
Die Mischung auf dem Tarteboden verteilen, die Grundcreme zubereiten,
darübergießen und die Tarte 30 Minuten backen.

SEETEUFEL-TAJINE + ROTE GEWÜRZE

Vorbereitung: 1 Stunde 15 Minuten
Backzeit: 30 Minuten

2 Tomaten
1 kleine Aubergine, geschält
1 grüne Paprikaschote
1 kleine Zwiebel
1 Knoblauchzehe
1 EL Olivenöl
½ TL Ras-el-Hanout
½ TL Kreuzkümmel
½ TL Paprikapulver
1 TL Tomatenmark
1 TL Harissa
Salz, Pfeffer
300 g Seeteufelfilet
½ Bund Petersilie
1 Rezeptmenge Grundcreme (siehe Seite 12)
1 Mürbeteig-Tarteboden, vorgebacken (siehe Seite 10)

Die Tomaten überbrühen, enthäuten, von den Samen befreien und mit der Aubergine würfeln. Die Paprika putzen und in Streifen schneiden. Zwiebel und Knoblauch schälen und hacken. Die Zwiebel im Öl glasig schwitzen. Knoblauch, Gewürze, das Gemüse, Tomatenmark und Harissa hinzufügen und mit Salz und Pfeffer abschmecken. Ein Glas Wasser angießen und alles zugedeckt 30 Minuten köcheln lassen. Den Seeteufel in große Würfel schneiden, zum Gemüse geben und noch 20 Minuten mitgaren. Gegen Ende der Garzeit eventuell den Deckel abnehmen und die Sauce einkochen lassen.
Den Backofen auf 160 °C vorheizen. Die Petersilie waschen, die Blätter abzupfen und hacken. Die Grundcreme zubereiten und die Petersilie unterrühren. Den Tarteboden mit Fisch und Gemüse belegen, mit der Grundcreme begießen und 30 Minuten im Ofen backen.

TAPENADE + TOMATEN + SARDINEN

Vorbereitung: 30 Minuten   Backzeit: 10 Minuten

2 feste Tomaten
1 EL Olivenöl
Fleur de Sel, Pfeffer
1 Mürbeteig-Tarteboden, vorgebacken (siehe Seite 10; der Rand sollte maximal 2 cm hoch sein)
2 EL Tapenade (schwarze Olivenpaste)
5 getrocknete Tomaten in Öl
1 Dose (115 g) entgrätete Sardinen in Olivenöl
Parmesan und Basilikum zum Garnieren (nach Belieben)

Den Backofen auf 180 °C vorheizen. Die Tomaten in dicke Scheiben schneiden, auf ein mit Backpapier ausgelegtes Backblech legen, mit dem Olivenöl beträufeln, mit einem Teelöffel Fleur de Sel bestreuen und mit Pfeffer würzen. Für 15 Minuten in den Backofen schieben und dann auf Küchenpapier abtropfen lassen. Den Ofen auf 160 °C schalten.
Den Tarteboden mit der Tapenade bestreichen und mit den Tomatenscheiben, den in Streifen geschnittenen getrockneten Tomaten und den Sardinen belegen. Die Tarte 10 Minuten backen und – nach Belieben mit Parmesanspänen und geschnittenem Basilikum bestreut – sofort servieren.

TOMATEN + COMTÉ + SENF

Vorbereitung: 30 Minuten   Backzeit: 15 Minuten

4 Tomaten
2 EL Olivenöl
1 TL Fleur de Sel
Pfeffer, frisch gemahlen
1 Mürbeteig-Tarteboden, vorgebacken (siehe Seite 10; der Rand sollte maximal 2 cm hoch sein)
5 Scheiben Comté
2 EL grobkörniger Senf

Den Backofen auf 180 °C vorheizen. Die Tomaten halbieren, auf einem mit Backpapier ausgelegten Backblech verteilen und mit Olivenöl beträufeln. Mit Fleur de Sel und Pfeffer bestreuen, für 20 Minuten in den Backofen schieben und anschließend auf Küchenpapier abtropfen lassen.
Den Backofen auf 160 °C herunterschalten. Den Käse auf dem Tarteboden verteilen (dabei darauf achten, dass der Boden vollständig mit Käse bedeckt ist) und mit dem Senf bestreichen. Die Tomatenhälften sorgfältig trocken tupfen, auf dem Käse verteilen, mit Olivenöl beträufeln und mit Salz und Pfeffer würzen. Die Tarte 15 Minuten backen und sofort servieren, damit der Käse nicht fest wird.

vorhergehende Doppelseite:
links: SEETEUFEL-TAJINE + ROTE GEWÜRZE
rechts: TAPENADE + TOMATEN + SARDINEN

SCHINKEN + SPECK + PARMESAN

Vorbereitung: 25 Minuten Backzeit: 10 Minuten

1 Mürbeteig-Tarteboden, vorgebacken (siehe Seite 10)

Für die Béchamelsauce
35 g Mehl
35 g Butter
350 ml Milch
Salz, Pfeffer
50 g Gruyère, gerieben

Für den Belag
25 g Parmesan
20 g durchwachsener Räucherspeck in Scheiben
150 g gekochter Schinken in Scheiben
50 g roher Schinken in Scheiben

Den Backofengrill vorheizen. Den Parmesan in hauchdünne Scheiben hobeln und für 3 Minuten unter den Grill schieben. Den Speck 5 Minuten unter dem Grill rösten. Beides sollte nur leicht gebräunt sein. Für die Béchamelsauce das Mehl und die Butter bei geringer Hitze verrühren, bis eine helle Mehlschwitze entstanden ist. Die Milch unterrühren und die Sauce unter Rühren eindicken lassen; vom Herd nehmen, mit Salz und Pfeffer würzen, mit dem Käse vermischen und abkühlen lassen. Eine Scheibe Kochschinken würfeln und unter die erkaltete Sauce rühren. Die Béchamelsauce auf dem Tarteboden verstreichen. Die Schinkenscheiben dritteln und die Stücke um den Zeigefinger herum aufrollen. Die Röllchen in die Sauce stecken. Den Speck zerkrümeln und mit dem Parmesan darauf verteilen. Die Tarte 10 Minuten backen und sofort servieren.

PUTE + CURRY + APFEL

Vorbereitung: 30 Minuten Backzeit: 30 Minuten

3 Schalotten
½ grüner Apfel (Granny Smith)
200 g Putenbrustfilet
1 EL Pflanzenöl
1 TL Currypulver
200 ml Kokosmilch
Salz, Pfeffer
1 Rezeptmenge Grundcreme (siehe Seite 12)
150 g Tomaten
1 Mürbeteig-Tarteboden, vorgebacken (siehe Seite 10)

Den Backofen auf 160 °C vorheizen. Die Schalotten und den Apfel schälen und fein würfeln. Die Putenbrust in feine Streifen schneiden und in einer Pfanne im Öl anbraten. Sobald das Fleisch Farbe annimmt, Curry, Schalotten, Apfel und Kokosmilch hinzufügen und mit Salz und Pfeffer würzen. 10–15 Minuten kochen lassen und dann mit der zubereiteten Grundcreme verrühren. Während das Fleisch kocht, die Tomaten überbrühen, enthäuten, von den Samen befreien und würfeln. Die Füllung auf dem Tarteboden verteilen, die Tomatenwürfel darüberstreuen und die Tarte 30 Minuten backen.

SPINAT + RICOTTA + GERÖSTETER SESAM

Vorbereitung: 20 Minuten Backzeit: 30 Minuten

300 g Spinat
Salz, Pfeffer
1 Bund Petersilie
1 Mürbeteig-Tarteboden, vorgebacken (siehe Seite 10)
150 g Ricotta
1 Rezeptmenge Grundcreme (siehe Seite 12)
15 g Sesam oder Pinienkerne, geröstet

Den Backofen auf 160 °C vorheizen. Den Spinat gründlich waschen und einige Sekunden in kochendem Salzwasser blanchieren. Abgießen, gut ausdrücken und grob hacken. Die Petersilie waschen, die Blätter hacken, mit dem Spinat mischen, mit Salz und Pfeffer würzen und auf dem Tarteboden verteilen. Die Ricotta abtropfen lassen und zerkrümeln. Die Grundcreme zubereiten und den Ricotta unterrühren. Die Creme über den Spinat gießen, mit Sesam oder Pinienkernen bestreuen (die Kerne etwas in die Creme drücken, damit sie beim Backen nicht verbrennen) und die Tarte 30 Minuten backen.

Variation: Eine Scheibe Bündner Fleisch grob zerkleinern und unter den Spinat mischen. Eine zweite Scheibe Bündner Fleisch in feine Streifen schneiden und mit den Kernen auf die Creme streuen.

vorhergehende Doppelseite:
links: SCHINKEN + SPECK + PARMESAN
rechts: PUTE + CURRY + APFEL

34

THUNFISCH + WASABI + NORI

Vorbereitung: 20 Minuten   Backzeit: 30 Minuten

200 g frisches Thunfischfilet
1 EL Wasabi-Pulver
1 EL neutrales Pflanzenöl
Salz, Pfeffer
50 g getrocknete Nori-Algen
1 TL Wasabi-Paste
1 Rezeptmenge Grundcreme (siehe Seite 12)
1 Mürbeteig-Tarteboden, vorgebacken (siehe Seite 10)

Den Backofen auf 160 °C vorheizen. Den Thunfisch in etwa zwei Zentimeter
große Würfel schneiden und im Wasabi-Pulver wenden.
Das Öl in einer Pfanne erhitzen und die Fischwürfel darin rundherum kurz
bräunen, mit Salz und Pfeffer würzen, aus der Pfanne nehmen und beiseitestellen.
Die Algen mit der Schere in Streifen schneiden.
Die Wasabi-Paste unter die Grundcreme rühren.
Den Tarteboden mit der Hälfte der Algen belegen, den Thunfisch und die
restlichen Algen darauf verteilen, die Grundcreme darübergießen und die Tarte
30 Minuten backen.

KAROTTEN + EINGELEGTE ZITRONEN + KORIANDERGRÜN

Vorbereitung: 30 Minuten   Ruhen: 1 Stunde   Backzeit: 30 Minuten

200 g Karotten
grobes Meersalz
1 Mürbeteig-Tarteboden (nach Belieben mit Kreuzkümmel), vorgebacken
(siehe Seite 10)
50 g eingelegte Zitrone
½ Bund Koriandergrün
1 Rezeptmenge Grundcreme (siehe Seite 12)

Den Backofen auf 160 °C vorheizen. Die Karotten putzen und mit dem
Sparschäler oder einem Gemüsehobel in hauchdünne lange Streifen schneiden.
Die Karottenstreifen mit grobem Meersalz bestreuen, mindestens 1 Stunde
Wasser ziehen lassen und anschließend gut trocken tupfen.
Die Karottenstreifen locker auf dem Tarteboden verteilen.
Die eingelegte Zitrone mit kaltem Wasser abspülen, trocken tupfen, fein
schneiden und zwischen den Karotten verteilen. Die Korianderblätter abzupfen,
fein schneiden (einige ganze Blätter zum Garnieren zurückbehalten) und
darüberstreuen.
Die Grundcreme darübergießen und die Tarte 30 Minuten backen.

KABELJAU + FENCHEL + GETROCKNETE TOMATEN

Vorbereitung: 30 Minuten   Ruhen: 30 Minuten
Backzeit: 30 Minuten

50 g getrocknete Tomaten
30 g schwarze Oliven, entsteint
1 Knoblauchzehe
200 g Kabeljaufilet
150 g Gemüsefenchel
3 EL Olivenöl
Salz, Pfeffer
1 Mürbeteig-Tarteboden, vorgebacken (siehe Seite 10)
1 Rezeptmenge Grundcreme (siehe Seite 12)

Tomaten, Oliven und geschälten Knoblauch im
Mixer pürieren. Den Kabeljau in Würfel schneiden
und in der Tomatenmischung wenden, bis er gut
damit überzogen ist. 30 Minuten an einem kühlen Ort
marinieren.
Den Backofen auf 160 °C vorheizen. Den Fenchel
fein schneiden, 5–10 Minuten in zwei Esslöffeln
Olivenöl und etwas Wasser garen und leicht mit Salz
und Pfeffer würzen.
Inzwischen in einer Pfanne den marinierten Kabeljau
im restlichen Öl bei starker Hitze etwa 2 Minuten auf
jeder Seite anbraten.
Den Fenchel auf dem Tarteboden verteilen, mit dem
Kabeljau belegen, die Grundcreme darübergießen
und die Tarte 30 Minuten backen.

TOFU + KIDNEYBOHNEN + CHILIGEWÜRZ

Vorbereitung: 30–35 Minuten   Backzeit: 30 Minuten

125 g Tofu
½ Dose (200 g) Kidneybohnen
1 Zwiebel
2 Stangen Staudensellerie
1 Zucchini
1 EL neutrales Pflanzenöl
1 EL Gewürzmischung für Chili con Carne
3 Tomaten oder 200 g Tomatenstücke aus der Dose
Salz, Pfeffer
½ Bund Petersilie (nach Belieben)
1 Rezeptmenge Grundcreme (siehe Seite 12)
1 Mürbeteig-Tarteboden, vorgebacken
(nach Belieben mit Mohn; siehe Seite 10)

Den Tofu abtropfen lassen und mit einer Gabel
zerdrücken. Die Kidneybohnen in ein Sieb abgießen
und abspülen. Die Zwiebel schälen und mit dem
Sellerie und der Zucchini fein würfeln. Die frischen
Tomaten überbrühen, enthäuten, von den Samen
befreien und würfeln.

Den Tofu in einer Pfanne im Öl bräunen. Zwiebel,
Sellerie und Zucchini dazugeben und die Wärmezu-
fuhr verringern. Chiligewürz, Bohnen und Tomaten
hinzufügen, salzen, pfeffern und 15–20 Minuten
köchelnd eindicken lassen. Abkühlen lassen. Nach
Belieben die gehackte Petersilie dazugeben und das
Gemüse mit der Grundcreme verrühren. Die Mischung
auf dem Tarteboden verteilen und 30 Minuten
backen.

KALBFLEISCH + SPINAT + MINZE

Vorbereitung: 30 Minuten   Backzeit: 30 Minuten

2 Schalotten
2 EL neutrales Pflanzenöl
250 g Hackfleisch vom Kalb
1 TL Vier-Gewürze-Pulver (Mischung aus Zimt,
Muskatnuss, Gewürznelke und Pfeffer)
Salz, Pfeffer
1 TL körnige Hühnerbrühe oder ½ Brühwürfel
½ Bund Petersilie
½ Bund Minze
1 Messerspitze Cayennepfeffer (nach Belieben)
100 g junger Spinat
1 Tomate
1 Mürbeteig-Tarteboden, vorgebacken (siehe Seite 10)
1 Rezeptmenge Grundcreme (siehe Seite 12)

Die Schalotten schälen und hacken.
Das Öl in einer Pfanne erhitzen und die Schalotten
darin glasig schwitzen. Das Hackfleisch hinzufügen,
mit Vier-Gewürze-Pulver, Salz und Pfeffer würzen und
kräftig anbraten. Die in einem halben Glas heißem
Wasser aufgelöste Brühe angießen und das Fleisch
etwa 15 Minuten ohne Deckel köcheln lassen, bis die
Flüssigkeit verdampft ist; vom Herd nehmen.
Die Petersilien- und Minzeblätter fein schneiden, zu
dem Fleisch geben, nach Belieben den Cayennepfeffer
hinzufügen, gut umrühren und abkühlen lassen.
Den Backofen auf 160 °C vorheizen. Den Spinat
waschen, trocken schleudern und grob hacken. Die
Tomate kurz in kochendes Wasser legen, enthäuten,
vierteln und die Samen entfernen. Das Fleisch auf
dem Tarteboden verteilen, den Spinat daraufgeben
und mit den Tomatenvierteln garnieren. Die Grundcreme darübergießen und die Tarte 30 Minuten
backen.

vorhergehende Doppelseite:
links: KABELJAU + FENCHEL + GETROCKNETE TOMATEN
rechts: TOFU + KIDNEYBOHNEN + CHILIGEWÜRZ

KREBSFLEISCH + SAUERAMPFER + SPINAT

Vorbereitung: 20 Minuten Backzeit: 30 Minuten

150 g junger Spinat
1 Bund Sauerampfer
Salz
1 Mürbeteig-Tarteboden, vorgebacken (siehe Seite 10)
100 g Krebsfleisch
1 Rezeptmenge Grundcreme (siehe Seite 12)

Den Backofen auf 160 °C vorheizen. Spinat und Sauerampfer waschen, getrennt einige Sekunden in kochendem Salzwasser blanchieren, abtropfen lassen und
ausdrücken. Dann beides getrennt fein schneiden.
Den Spinat, das Krebsfleisch und den Sauerampfer
schichtweise auf dem Tarteboden verteilen. Die Grundcreme darübergießen und die Tarte 30 Minuten
backen.

RINDFLEISCH + HARISSA + ROMANASALAT

Vorbereitung: 30 Minuten Backzeit: 30 Minuten

1 große Zwiebel
½ Bund Minze
½ Bund Petersilie
200 g Hackfleisch vom Rind
30 g Reis
2 EL Olivenöl
2 TL Tomatenmark
½ TL Harissa
Salz, Pfeffer
1 Romanasalat
1 Mürbeteig-Tarteboden, vorgebacken (siehe Seite 10)
1 Rezeptmenge Grundcreme (siehe Seite 12)

Die Zwiebel schälen und fein hacken. Die Kräuter
waschen, die Blätter abzupfen und fein schneiden.
In einer Schüssel das Hackfleisch mit dem Reis, der
Zwiebel und den Kräutern vermengen.
Das Öl in einer Pfanne erhitzen und die Fleisch-
mischung darin anbraten.
Tomatenmark und Harissa in einem halben Glas
Wasser verrühren und in die Pfanne gießen, sobald
das Fleisch leicht gebräunt ist. Das Fleisch 15 Minuten ohne Deckel köcheln, dann leicht salzen und
pfeffern und abkühlen lassen.
Den Backofen auf 160 °C vorheizen. Den Salat gründlich waschen und die Blattrippen entfernen. Die
Blätter 3 Minuten in reichlich kochendem Salzwasser
blanchieren, gut abtropfen lassen und grob
zerkleinern.
Das Fleisch auf dem Tarteboden verteilen, den Salat
daraufgeben, die Grundcreme darübergießen und die
Tarte 30 Minuten backen.

KÄSE + MUSKATNUSS + SPECK

Vorbereitung: 20 Minuten Backzeit: 30 Minuten

100 g Ziegenfrischkäse
100 g Greyerzer, gerieben
100 g Cheddar oder Mimolette, gerieben
1 TL geriebene Muskatnuss
1 Rezeptmenge Grundcreme (siehe Seite 12)
1 Mürbeteig-Tarteboden, vorgebacken (siehe Seite 10)
2 Scheiben durchwachsener Speck oder roher
Schinken

Den Backofen auf 160 °C vorheizen.
Den Ziegenkäse zerdrücken und mit dem Greyerzer,
Cheddar und der Muskatnuss sorgfältig unter die
Grundcreme rühren. Die Mischung auf dem
Tarteboden verteilen. Eine Speck- oder Schinken-
scheibe in Stücke zupfen, darüberstreuen und die
Tarte 30 Minuten backen.
Die Tarte mit der zweiten Speck- oder Schinken-
scheibe garnieren und sofort servieren.

vorhergehende Doppelseite:
links: KREBSFLEISCH + SAUERAMPFER + SPINAT
rechts: RINDFLEISCH + HARISSA + ROMANASALAT

46

GRÜNER SPARGEL + ORANGENSCHALE + KERBEL

Vorbereitung: 25 Minuten   Backzeit: 30 Minuten

300 g grüner Spargel
Salz
1 unbehandelte Orange
1 Bund frischer Kerbel
1 Rezeptmenge Grundcreme (siehe Seite 12)
1 Mürbeteig-Tarteboden, vorgebacken (siehe Seite 10)

Den Backofen auf 160 °C vorheizen. Das untere Drittel des Spargels schälen, die harten Enden abbrechen. Den Spargel dämpfen oder 8–10 Minuten in Salzwasser kochen – er sollte noch bissfest sein, denn er gart beim Backen nach – und vorsichtig abgießen.
Die Orange waschen und die Schale abreiben.
Den Kerbel waschen, trocken schleudern, die Blätter abzupfen und fein schneiden. Einige ganze Blätter zum Garnieren beiseitelegen.
Orangenschale und Kerbel unter die Grundcreme rühren.
Den Tarteboden mit dem Spargel belegen und die Creme darübergießen. Die Tarte mit den restlichen Kerbelblättern bestreuen und 30 Minuten backen.

„GRÜNE TARTE": ZUCCHINI + RUCOLA + ARTISCHOCKEN-BÖDEN + ERBSEN

Vorbereitung: 30 Minuten Backzeit: 30 Minuten

150 g Zucchini
50 g Erbsen (frisch oder tiefgekühlt)
Salz
2 EL Olivenöl
5 Artischockenböden (aus dem Glas)
100 g Rucola
1 Mürbeteig-Tarteboden, vorgebacken (siehe Seite 10)
1 Rezeptmenge Grundcreme (siehe Seite 12)

Den Backofen auf 160 °C vorheizen.
Die Zucchini waschen und in hauchdünne Scheiben schneiden.
Die Erbsen 5–8 Minuten in Salzwasser kochen, abgießen und unter fließendem kaltem Wasser abschrecken, um den Garprozess zu stoppen.
Einen Esslöffel Olivenöl in einer Pfanne erhitzen und die Zucchini darin anbräunen. Aus der Pfanne nehmen und abkühlen lassen.
Das restliche Öl in der Pfanne erhitzen und die Artischocken darin anbräunen. Herausnehmen, vierteln und abkühlen lassen.
In der Zwischenzeit den Rucola gründlich waschen, einige ganze Blätter beiseitelegen und den Rest grob zerkleinern.
Ein paar Zucchinischeiben und drei Artischockenviertel zum Garnieren beiseitelegen.
Den Tarteboden mit Zucchini und Artischockenböden belegen, die Erbsen und den zerkleinerten Rucola darauf verteilen, die Grundcreme darübergießen und die Tarte 30 Minuten backen.
Die Tarte aus dem Ofen nehmen, mit den beiseitegestellten Zucchinischeiben, Artischockenvierteln und Rucolablättern garnieren, mit etwas Olivenöl beträufeln und sofort servieren.

LACHS + GRÜNER SPARGEL + DILL

Vorbereitung: 30 Minuten Ruhen: 1 Stunde Backzeit: 30 Minuten

150 g grüner Spargel
Salz, Pfeffer
200 g frisches Lachsfilet
1 unbehandelte Limette
½ Bund Dill
1 Mürbeteig-Tarteboden, vorgebacken (siehe Seite 10)
1 Rezeptmenge Grundcreme (siehe Seite 12)

Den Backofen auf 160 °C vorheizen. Das untere Drittel der Spargelstangen
schälen, die harten Enden abbrechen und die Stangen dämpfen oder 8–10
Minuten in Salzwasser kochen. Sie sollten noch bissfest sein, denn sie garen beim
Backen weiter. Den Spargel vorsichtig abgießen.
Während der Spargel gart, das Lachsfilet abspülen, trocken tupfen und in etwa
drei Zentimeter große Würfel schneiden.
Die Limette waschen, die Schale abreiben und die Frucht auspressen.
Den Dill waschen, trocken schütteln, die Stiele abschneiden und den Rest hacken.
Ein bis zwei ganze Stängel zum Garnieren aufheben.
Den Lachs in einer Schüssel mit Limettenschale und -saft, Dill, Salz und Pfeffer
mischen und mindestens 1 Stunde im Kühlschrank marinieren.
Die Spargelköpfe abtrennen und die Stangen in kleine Stücke schneiden (oder in
der Küchenmaschine grob hacken). Den Fisch aus dem Kühlschrank nehmen. Die
Spargelstücke auf dem Tarteboden verteilen, mit den abgetropften Lachswürfeln
(mit möglichst viel Dill) belegen und mit den Spargelköpfen und den Dillzweigen
garnieren. Die Grundcreme darübergießen und die Tarte 30 Minuten backen.

TARTE „PASQUALINA"

Vorbereitung: 40–50 Minuten Backzeit: 40 Minuten

200 g Mangold
50 g junger Spinat
2 EL Olivenöl
Salz, Pfeffer
5 Artischockenböden (aus dem Glas)
6 Eier
100 g Ricotta
1 EL frisch geriebener Parmesan
1 EL Semmelbrösel
150 g Crème fraîche
½ Bund Majoran
1 Mürbeteig-Tarteboden mit Mohn, vorgebacken +
⅓ Rezeptmenge Mürbeteig, gut gekühlt (siehe Seite 10)

Den Backofen auf 180 °C vorheizen. Den Mangold waschen. Das Blattgrün und
einen kleinen Teil der weißen Stiele in zwei Zentimeter breite Stücke schneiden.
Den Spinat waschen und trocken schleudern.
Einen Esslöffel Olivenöl in einer Pfanne erhitzen und den Mangold 8–10 Minuten
darin garen, ohne dass er Farbe annimmt (eventuell etwas Wasser hinzufügen).
Gegen Ende der Kochzeit den Spinat dazugeben. Das Gemüse mit Salz und
Pfeffer würzen, herausnehmen und abkühlen lassen. Das restliche Öl in der Pfanne
erhitzen und die Artischockenböden darin anbraten. Aus der Pfanne nehmen,
abkühlen lassen und vierteln.
Zwei Eier kräftig in einer Schüssel verquirlen. Den Ricotta durch ein feines Sieb
streichen, mit den verquirlten Eiern, Parmesan, Semmelbröseln, Crème fraîche
und den Majoranblättern verrühren und mit Salz und Pfeffer würzen. Das abge-
kühlte Gemüse untermischen und die Hälfte der Masse auf dem vorgebackenen
Tarteboden verteilen.
Drei tiefe Mulden in die Füllung drücken, jeweils ein rohes Ei hineinschlagen und
mit Salz und Pfeffer würzen. Die restliche Gemüsemasse darauf verteilen und glatt
streichen.
Den gekühlten Mürbeteig ausrollen, in 1,5–2 Zentimeter breite Streifen schneiden,
gitterförmig auf der Füllung verteilen und am Rand gut andrücken. Das letzte Ei
verquirlen, den Teig damit bepinseln und die Tarte 40 Minuten backen.

KRESSE + CHEDDAR + SPECK

Vorbereitung: 20 Minuten Backzeit: 30 Minuten

1 Kästchen Kresse
20 g durchwachsener Räucherspeck in Scheiben
1 Mürbeteig-Tarteboden, vorgebacken (siehe Seite 10)
100 g Cheddar, gerieben
1 Rezeptmenge Grundcreme (siehe Seite 12)

Den Backofen auf 160 °C vorheizen. Die Kresse waschen, vom Beet abschneiden und grob zerkleinern.
Den Speck auf ein Backblech legen und unter dem heißen Backofengrill knusprig grillen oder in einer Pfanne ohne Fett knusprig braten.
Abkühlen lassen und zerbröseln oder klein schneiden.
Die Kresse auf dem Tarteboden verteilen und den Speck darüberstreuen.
Den Käse unter die Grundcreme rühren, die Creme über die Kresse und den Speck gießen und die Tarte 30 Minuten backen.

TOMATEN + ZUCCHINI + MOZZARELLA

Vorbereitung: 45 Minuten   Backzeit: 30 Minuten

150 g Zucchini
6 EL Olivenöl
1 Knoblauchzehe
1 Zwiebel
300 g Tomaten oder 150 g Tomaten +
150 g Tomatenstücke aus der Dose
Salz, Pfeffer
100 g Mozzarella
1 Mürbeteig-Tarteboden, vorgebacken (siehe Seite 10)
einige Basilikum- oder Majoranblätter
1 Rezeptmenge Grundcreme (siehe Seite 12)

Die Zucchini waschen, in dünne Scheiben schneiden und bei starker Hitze in drei
Esslöffeln Olivenöl anbraten.
Knoblauch und Zwiebel schälen und fein schneiden. 150 Gramm Tomaten
überbrühen, enthäuten, von den Samen befreien und fein würfeln oder, wenn es
schnell gehen muss, 150 Gramm Tomatenstücke aus der Dose verwenden.
Knoblauch und Zwiebel im restlichen Öl anschwitzen, die Tomaten hinzufügen,
mit Salz und Pfeffer würzen und etwa 20 Minuten köcheln lassen.
Inzwischen den Backofen auf 160 °C vorheizen. 150 Gramm Tomaten und den
Mozzarella in dünne Scheiben schneiden. Die Tomatensauce auf dem Tarteboden
verteilen. Eine Schicht Zucchinischeiben dachziegelartig darauflegen und darauf –
ebenfalls dachziegelartig – abwechselnd eine Zucchini-, eine Tomaten- und eine
Mozzarellascheibe, bis der Tarteboden vollständig damit belegt ist. Mit den Basili-
kum- oder Majoranblättern bestreuen und die Grundcreme darübergießen. Die
Tarte 30 Minuten backen und sofort servieren, damit der Käse nicht fest wird.

58

DICKE BOHNEN + SAFRAN + BASILIKUM

Vorbereitung: 20 Minuten Backzeit: 30 Minuten

200 g Dicke Bohnen, enthülst
Salz, Pfeffer
½ Bund Basilikum
3 Eier
100 ml Vollmilch
1 kleines Döschen gemahlener Safran (nach Belieben)
1 EL Mehl
30 g Parmesan, frisch gerieben
1 Mürbeteig-Tarteboden, vorgebacken (siehe Seite 10)

Den Backofen auf 160 °C vorheizen. Die Bohnen
10 Minuten in Salzwasser kochen. Abgießen, abtropfen lassen und die Häutchen entfernen.
Das Basilikum waschen, die Blätter abzupfen und fein
schneiden.
Die Eier mit Milch, Safran (nach Belieben), Mehl,
Basilikum und Parmesan verrühren und mit Salz und
Pfeffer würzen.
Die Bohnen auf dem Tarteboden verteilen und mit
der Eiermasse bedecken. Die Tarte 30 Minuten
backen und sofort servieren.

ZUCKERSCHOTEN + DICKE BOHNEN + ESTRAGON + HASELNÜSSE

Vorbereitung: 30 Minuten Backzeit: 30 Minuten

100 g Dicke Bohnen, enthülst
Salz, Pfeffer
100 g Zuckerschoten
2 EL Olivenöl
½ Bund Estragon
20 g Haselnüsse
1 Mürbeteig-Tarteboden, vorgebacken (siehe Seite 10)
1 Rezeptmenge Grundcreme (siehe Seite 12)

Den Backofen auf 160 °C vorheizen. Die Bohnen
10 Minuten in Salzwasser kochen, abgießen und die
Häutchen sorgfältig entfernen.
Die Zuckerschoten waschen und putzen. Einen Esslöffel Olivenöl in einer Pfanne erhitzen, die Zuckerschoten kurz darin anbraten (sie sollten knackig
bleiben) und mit Salz und Pfeffer würzen. Mit den
Bohnen ebenso verfahren.
Den Estragon waschen, trocken schleudern und die
Blätter abzupfen. Einige Blätter zum Garnieren
aufheben, den Rest hacken. Die Nüsse im Mörser
oder mit dem Nudelholz grob zerstoßen.
Zuckerschoten und Bohnen auf dem Tarteboden verteilen. Den gehackten Estragon darüberstreuen und
mit Estragonblättern und Nüssen garnieren. Die
Grundcreme darübergießen und die Tarte 30 Minuten backen.

ZUCCHINI + FETA + PARMESANSTREUSEL

Vorbereitung: 30 Minuten Backzeit: 30 Minuten

1 Mürbeteig-Tarteboden, vorgebacken (siehe Seite 10)
1 Rezeptmenge Grundcreme (siehe Seite 12)

Für die Parmesanstreusel
50 g Butter
50 g Mehl
50 g Parmesan, frisch gerieben

Für den Belag
150 g Zucchini
1 Knoblauchzehe
2 EL Olivenöl
abgeriebene Schale von 1 unbehandelten Zitrone
50 g Feta
Salz, Pfeffer

Den Backofen auf 170 °C vorheizen. Für die
Parmesanstreusel Butter, Mehl und Parmesan mit den
Händen zu einem krümeligen Teig verarbeiten. Auf
ein Backblech streuen und 10 Minuten backen. Aus
dem Ofen nehmen und die Temperatur auf 160 °C
reduzieren.
Inzwischen die Zucchini waschen, raspeln und auf
Küchenpapier abtropfen lassen. Den Knoblauch
schälen und hacken.
Das Öl in einer Pfanne erhitzen und den Knoblauch
mit der Zitronenschale bei starker Hitze darin
anbraten. Die Zucchini dazugeben, leicht salzen,
pfeffern, gut umrühren, 1–2 Minuten anbraten, aus
der Pfanne nehmen und abkühlen lassen.
Den Feta abtropfen lassen, mit einer Gabel zerdrücken und unter die Zucchini mischen. Die Masse auf
dem Tarteboden verteilen, die Grundcreme darübergießen und die Tarte 30 Minuten backen. Aus dem
Ofen nehmen, großzügig mit den Parmesanstreuseln
bestreuen und sofort servieren.

vorhergehende Doppelseite:
links: DICKE BOHNEN + SAFRAN + BASILIKUM
rechts: ZUCKERSCHOTEN + DICKE BOHNEN + ESTRAGON +
HASELNÜSSE

MANGOLD + ZIEGENKÄSE + PINIENKERNE + ROSINEN

Vorbereitung: 30 Minuten Backzeit: 30 Minuten

250 g Mangold
2 EL Olivenöl
Salz, Pfeffer
30 g Pinienkerne
20 g Rosinen
1 Mürbeteig-Tarteboden, vorgebacken (siehe Seite 10)
100 g Ziegenfrischkäse
1 Rezeptmenge Grundcreme (siehe Seite 12)

Den Backofen auf 160 °C vorheizen. Den Mangold waschen. Das Blattgrün und
einen kleinen Teil der weißen Stiele in zwei Zentimeter breite Stücke schneiden.
Das Olivenöl in einer Pfanne erhitzen und den Mangold 8–10 Minuten darin
garen. Gegebenenfalls etwas Wasser hinzufügen, damit er nicht bräunt. Mit Salz
und Pfeffer würzen, aus der Pfanne nehmen und abkühlen lassen.
Inzwischen die Pinienkerne in einer Pfanne ohne Zugabe von Fett rösten.
Die Rosinen in einem halben Glas lauwarmem Wasser einweichen.
Die Hälfte des Mangolds auf dem Tarteboden verteilen. Dann nacheinander die
Hälfte des grob zerkleinerten Ziegenkäses, die Hälfte der gut abgetropften
Rosinen, den restlichen Mangold, den restlichen Ziegenkäse und die Pinienkerne
daraufgeben. Die Grundcreme darübergießen und die Tarte 30 Minuten backen.

RATATOUILLE + EINGELEGTE ZITRONE + BASILIKUM

Vorbereitung: 1 Stunde 15 Minuten Backzeit: 30 Minuten

1 Zucchini
1 Aubergine
1 rote Paprikaschote
2 Tomaten
1 Zwiebel
1 Knoblauchzehe
2 EL Olivenöl
1 eingelegte Zitrone
½ Bund Basilikum
1 Mürbeteig-Tarteboden, vorgebacken (siehe Seite 10)
1 Rezeptmenge Grundcreme (siehe Seite 12)

Den Backofen auf 160 °C vorheizen. Zucchini, Aubergine und Paprikaschote
waschen, putzen und in kleine Würfel schneiden. Die Tomaten waschen, vierteln,
die Samen entfernen und das Fruchtfleisch klein schneiden. Zwiebel und
Knoblauch schälen und fein würfeln.
Das Öl in einem Topf erhitzen. Zwiebel und Knoblauch darin glasig schwitzen.
Die Paprikaschote hinzufügen und 5 Minuten anbraten. Tomaten, Aubergine
und Zucchini dazugeben, den Deckel auflegen und das Gemüse in 30–40 Minuten
bei schwacher Hitze sehr weich garen, dabei eventuell etwas Wasser angießen,
damit das Gemüse nicht anhängt.
In der Zwischenzeit die eingelegte Zitrone fein schneiden. Zum Ratatouille geben
und das Ganze weitere 15–20 Minuten köcheln lassen. Das Gemüse in eine
Schüssel füllen und abkühlen lassen.
Das Basilikum waschen, die Blätter abzupfen und fein schneiden.
Das Ratatouille auf dem Tarteboden verteilen und mit dem Basilikum bestreuen.
Die Grundcreme darübergießen und die Tarte 30 Minuten backen.

GRÜNE BOHNEN + FLUSSKREBSE + GRÜNE CURRYPASTE

Vorbereitung: 30 – 40 Minuten   Backzeit: 30 Minuten

100 g gekochte Flusskrebse (frisch oder tiefgekühlt)
150 g grüne Bohnen
1 Mürbeteig-Tarteboden, vorgebacken (siehe Seite 10)
3 Eier
250 ml Kokosmilch

Für die Currypaste
1 Bund Schnittlauch
½ Bund Thai-Basilikum
½ Bund Koriandergrün
1 kleine rote Chilischote, die Samen entfernt
1 Knoblauchzehe
2 Stängel Zitronengras
1 unbehandelte Limette
2 TL frisch geriebener Ingwer
2 EL Olivenöl
Salz, Pfeffer

Den Backofen auf 160 °C vorheizen. Die Flusskrebse
gegebenenfalls auftauen lassen und schälen.
Die Bohnen putzen, halbieren und 8 – 10 Minuten in
Salzwasser kochen. In ein Sieb abgießen, unter kaltem
Wasser abschrecken und abkühlen lassen.
Während die Bohnen garen, für die Currypaste die
Kräuter waschen und mit der Chilischote grob
zerkleinern. Die Knoblauchzehe schälen und
halbieren. Von dem Zitronengras die äußeren harten
Hüllblätter entfernen und die Stängel in Stücke
schneiden. Die Limettenschale abreiben und den Saft
auspressen. Sämtliche Zutaten für die Currypaste mit
ein wenig Salz und Pfeffer im Mixer pürieren.
Den Tarteboden mit den Bohnen und Flusskrebsen
belegen.
Die Eier kräftig mit der Kokosmilch und Currypaste
verquirlen, darübergießen und die Tarte 30 Minuten
backen.

TOMATEN + ZIEGENKÄSE + BASILIKUM + MINZE

Vorbereitung: 30 Minuten   Backzeit: 30 Minuten

4 Tomaten
200 g Ziegenfrischkäse
½ Bund Basilikum
½ Bund Minze
1 Mürbeteig-Tarteboden, vorgebacken (siehe Seite 10)
1 Rezeptmenge Grundcreme (siehe Seite 12)

Den Backofen auf 160 °C vorheizen. Die Tomaten
waschen, vierteln und sorgfältig trocken tupfen. Den
Ziegenkäse etwas zerkrümeln. Basilikum und Minze
waschen, trocken schleudern, die Blätter abzupfen
und fein schneiden.
Tomaten und Käse auf dem Tarteboden verteilen.
Die Grundcreme mit den Kräutern verrühren, über
die Tomaten und den Käse gießen und die Tarte
30 Minuten backen.

POUTARGUE + ZUCCHINI + PETERSILIE

Vorbereitung: 30 Minuten   Backzeit: 30 Minuten

200 g Zucchini
Salz, Pfeffer
1 Bund glatte Petersilie
25 g *poutargue* (provenzalischer Meeräschenkaviar)
1 Mürbeteig-Tarteboden, vorgebacken (siehe Seite 10)
1 Rezeptmenge Grundcreme (siehe Seite 12)

Den Backofen auf 160 °C vorheizen. Die Zucchini
waschen und die Enden abschneiden. Mit dem
Gemüseschäler oder -hobel in lange dünne Streifen
schneiden und mit Salz und Pfeffer würzen.
Die Petersilie waschen, die Blätter abzupfen und fein
schneiden.
Den *poutargue* von der Wachsschicht befreien und
raspeln.
Die Zucchini locker auf dem Tarteboden verteilen,
mit der Petersilie und dem *poutargue* bestreuen,
die Grundcreme darübergießen und die Tarte
30 Minuten backen.

vorhergehende Doppelseite:
links: GRÜNE BOHNEN + FLUSSKREBSE + GRÜNE CURRYPASTE
rechts: TOMATEN + ZIEGENKÄSE + BASILIKUM + MINZE

HÄHNCHEN AUF BASKISCHE ART
Vorbereitung: 1 Stunde Backzeit: 30 Minuten

1 Knoblauchzehe
1 Zwiebel
je 1 rote und grüne Paprikaschote
3 Tomaten
3 EL Olivenöl
½ Glas trockener Weißwein
1 Bouquet garni
Salz, Pfeffer
200 g Hähnchenbrustfilet
1 Mürbeteig-Tarteboden, vorgebacken (siehe Seite 10)
1 Rezeptmenge Grundcreme (siehe Seite 12)

Den Backofen auf 160 °C vorheizen. Den Knoblauch schälen und hacken, die Zwiebel schälen und in feine Ringe schneiden, die Paprika putzen und in Streifen schneiden. Die Tomaten halbieren, von den Samen befreien und würfeln. Zwiebel und Knoblauch in zwei Esslöffeln Olivenöl glasig schwitzen. Die Paprika dazugeben und einige Minuten unter Rühren garen. Tomaten, Wein und Bouquet garni hinzufügen, salzen, pfeffern und 20 Minuten zugedeckt köcheln lassen. Inzwischen die Hähnchenbrust im restlichen Öl braten und in schmale Streifen schneiden. Zum Gemüse geben, alles weitere 20 Minuten köcheln (die Füllung sollte nicht zu flüssig sein) und anschließend abkühlen lassen.
Die Kräuter entfernen und die Mischung auf dem Tarteboden verteilen. Die Grundcreme darübergießen und die Tarte 30 Minuten backen.

HÄHNCHEN + CAPONATA + OLIVEN
Vorbereitung: 50 Minuten Marinieren: 12 Stunden
Backzeit: 30 Minuten

100 g geschälte Tomaten
4 EL Olivenöl
Salz, Pfeffer
150 g Hähnchenbrustfilet
1 Zwiebel
1 Stange Staudensellerie
250 g Aubergine
35 g schwarze Oliven, entsteint
20 g Kapern
1 Packung (400 g) Tomatenstücke
2 EL Balsamicoessig
1 Mürbeteig-Tarteboden, vorgebacken (siehe Seite 10)
1 Rezeptmenge Grundcreme (siehe Seite 12)

Die geschälten Tomaten pürieren, mit der Hälfte des Öls, Salz und Pfeffer verrühren und das Fleisch 12 Stunden im Kühlschrank darin marinieren. Den Backofen auf 160 °C vorheizen. Für die Caponata die Zwiebel schälen, mit dem Sellerie hacken und im restlichen Öl anschwitzen. Die Aubergine fein würfeln, hinzufügen und sehr weich garen. Die Oliven hacken, mit den Kapern und Tomatenstücken dazugeben und zugedeckt 30 Minuten köcheln lassen. Die Kapern herausnehmen, das Gemüse mit Essig, Salz und Pfeffer abschmecken und weitere 5 Minuten kochen lassen.
Inzwischen das Fleisch mit der Marinade in einer Pfanne anbraten und dann in Streifen schneiden. Unter die fertige Caponata mischen und auf dem Tarteboden verteilen. Die Grundcreme darübergießen und die Tarte 30 Minuten backen.

THAI-HÄHNCHEN + REISNUDELN + ZUCCHINI
Vorbereitung: 20 Minuten Backzeit: 30 Minuten

200 g Hähnchenbrustfilet
1 EL Olivenöl
2 EL süße Chilisauce
30 g Reis-Vermicelli
Salz
1 Zucchini
½ Bund Minze
½ Bund Koriandergrün
20 g geröstete Erdnüsse
1 Mürbeteig-Tarteboden, vorgebacken (siehe Seite 10)
1 Rezeptmenge Grundcreme (siehe Seite 12)

Den Backofen auf 160 °C vorheizen. Das Hähnchenbrustfilet – am besten in der Küchenmaschine – hacken. Das Öl in einer Pfanne erhitzen und das Fleisch darin anbraten. Die Chilisauce mit etwas Wasser verdünnen und am Ende der Garzeit unter das Fleisch rühren. Aus der Pfanne nehmen und abkühlen lassen.
Inzwischen die Reisnudeln 5 Minuten in heißem Salzwasser einweichen, abgießen und abschrecken.
Die Zucchini waschen und raspeln. Minze und Koriandergrün waschen, trocken schleudern, die Blätter abzupfen und hacken. Die Erdnüsse grob hacken. Das Fleisch mit Zucchini, Minze und Koriandergrün mischen. Zuerst die Reisnudeln und danach das Fleisch auf dem Tarteboden verteilen, mit den Nüssen bestreuen, die Grundcreme darübergießen und 30 Minuten backen.

vorhergehende Doppelseite:
links: HÄHNCHEN AUF BASKISCHE ART
rechts: HÄHNCHEN + CAPONATA + OLIVEN

KIRSCHTOMATEN + RUCOLAPESTO

Vorbereitung: 45 Minuten   Backzeit: 5 Minuten (nach Belieben)

500 g Kirschtomaten
Fleur de Sel
100 ml Olivenöl + etwas Olivenöl für die Tomaten
100 g Rucola
1 Knoblauchzehe
20 g Pinienkerne
1 Mürbeteig-Tarteboden, vorgebacken (siehe Seite 10)
Meersalz, Pfeffer, grob gemahlen

Den Backofen auf 160 °C vorheizen. Die Tomaten waschen und die Stielansätze entfernen. Größere Tomaten halbieren, kleine ganz lassen. Die Tomaten auf einem Backblech verteilen, mit Fleur de Sel bestreuen, mit Olivenöl beträufeln und für 20–30 Minuten in den Backofen schieben.
In der Zwischenzeit den Rucola waschen und die harten Stiele abschneiden. Die Blätter im Mixer mit 100 Milliliter Olivenöl, der geschälten Knoblauchzehe und den Pinienkernen zu einer sehr feinen Paste verarbeiten.
Den Tarteboden mit den abgetropften Tomaten belegen und diese mit dem Pesto überziehen. Etwas Meersalz und grob gemahlenen Pfeffer darüberstreuen und servieren oder die Tarte vor dem Servieren noch einmal 5 Minuten im Backofen erhitzen.

Variation: Das Rucolapesto durch Crema di Balsamico oder eine Balsamico- reduktion ersetzen. Für die Balsamicoreduktion einfach sechs Esslöffel Balsamico- essig in einem kleinen Stieltopf einkochen lassen, bis der Essig eine sirupartige Konsistenz hat.

PAPRIKACREME + ZIEGENFRISCHKÄSE

Vorbereitung: 50 Minuten   Backzeit: 30 Minuten

400 g rote Paprikaschoten
50 g Mandeln
abgeriebene Schale von 1 unbehandelten Zitrone
1 Knoblauchzehe
3 EL Olivenöl
2 TL Balsamicoessig
Salz, Pfeffer
100 g Ziegenfrischkäse
1 Mürbeteig-Tarteboden, vorgebacken (siehe Seite 10)
1 Rezeptmenge Grundcreme (siehe Seite 12)
½ Bund Basilikum

Den Backofen auf 200 °C vorheizen. Die Paprikaschoten auf ein Backblech legen
und unter regelmäßigem Wenden 25 Minuten im Backofen rösten, bis sich die
Haut schwarz färbt und Blasen wirft. Aus dem Ofen nehmen, in einem Gefrierbeu-
tel abkühlen lassen, die Haut abziehen und die Samen entfernen. Den Backofen
auf 160 °C herunterschalten.
Eine Paprikaschote in Streifen schneiden, den Rest mit den Mandeln, der
Zitronenschale, der geschälten Knoblauchzehe, Olivenöl, Essig, Salz und Pfeffer in
der Küchenmaschine zu einer sehr feinen Paste pürieren.
Die Paprikastreifen und den zerkrümelten Ziegenkäse auf dem Tarteboden
verteilen. Die Paprikacreme mit der Grundcreme verrühren und darübergießen.
Mit Basilikumblättern bestreuen und 30 Minuten backen.

KARTOFFELN + STEINPILZE + MAJORAN + WALNÜSSE

Vorbereitung: 40 Minuten   Backzeit: 30 Minuten

100 g Kartoffeln
4 EL Olivenöl
Salz, Pfeffer
100 g Steinpilze
1 Bund Majoran oder einige Salbeiblätter
1 Mürbeteig-Tarteboden, vorgebacken (siehe Seite 10)
20 g Walnusskerne
1 Rezeptmenge Grundcreme (siehe Seite 12)

Den Backofen auf 160 °C vorheizen. Die Kartoffeln schälen, waschen und reiben.
Zwei Esslöffel Olivenöl in einer Pfanne erhitzen, die Kartoffeln hinzufügen, in
5 – 10 Minuten braun braten und mit Salz und Pfeffer würzen.
In der Zwischenzeit die Steinpilze mit einem feuchten Küchenpapier von anhaften-
der Erde befreien und in dünne Scheiben schneiden.
Die Kartoffeln aus der Pfanne nehmen und das restliche Öl darin erhitzen. Die
Pilze kurz darin anbraten und mit Salz und Pfeffer würzen.
Den Majoran oder die Salbeiblätter waschen, trocken schleudern und fein
schneiden.
Die Kartoffeln auf dem Tarteboden verteilen, mit etwas Majoran oder Salbei
bestreuen, die Pilze darauf verteilen und den restlichen Majoran und die
grob zerstoßenen Walnusskerne darüberstreuen. Die Grundcreme darübergießen
und die Tarte 30 Minuten backen.

HÄHNCHEN + PFIFFERLINGE + SCHNITTLAUCH

Vorbereitung: 20 Minuten Backzeit: 30 Minuten

150 g Pfifferlinge
2 Schalotten
3 EL Olivenöl
Salz, Pfeffer
150 g Hähnchenbrustfilet
1 TL Paprikapulver
1 Mürbeteig-Tarteboden, vorgebacken (siehe Seite 10)
1 Bund Schnittlauch
1 Rezeptmenge Grundcreme (siehe Seite 12)

Den Backofen auf 160 °C vorheizen. Die Pfifferlinge säubern, die Schalotten schälen und fein hacken. Die Pilze mit einer Schalotte in der Hälfte des Öls anbraten und mit Salz und Pfeffer würzen.
Das Fleisch in zentimetergroße Würfel schneiden und mit der zweiten Schalotte und dem Paprikapulver im restlichen Öl braten, salzen und pfeffern.
Fleisch und Pilze auf dem Tarteboden verteilen und mit dem in Röllchen geschnittenen Schnittlauch bestreuen. Die Grundcreme darübergießen und die Tarte 30 Minuten backen.

PILZE + PECORINO + BOHNENKRAUT

Vorbereitung: 20 Minuten Backzeit: 30 Minuten

200 g gemischte Pilze (möglichst Waldpilze)
1 Zwiebel
1 Knoblauchzehe
50 g Pecorino
2 EL Olivenöl
Salz, Pfeffer
1 Bund Bohnenkraut
1 Mürbeteig-Tarteboden, vorgebacken (siehe Seite 10)
1 Rezeptmenge Grundcreme (siehe Seite 12)

Den Backofen auf 160 °C vorheizen. Die Pilze sorgfältig säubern und in dünne Scheiben schneiden. Zwiebel und Knoblauch schälen und hacken. Den Pecorino grob raspeln.
Das Öl erhitzen und Zwiebel und Knoblauch darin glasig schwitzen. Die Pilze hinzufügen und bei starker Hitze anbraten, bis die Flüssigkeit vollständig verdunstet ist. Salzen, pfeffern, aus der Pfanne nehmen und zur Seite stellen.
Das Bohnenkraut waschen, trocken schleudern und die Blätter abzupfen.
Die Pilze auf dem Tarteboden verteilen und mit Pecorino und Bohnenkraut bestreuen. Die Grundcreme darübergießen und die Tarte 30 Minuten backen.

LACHS + LAUCH + CHAMPIGNONS

Vorbereitung: 25 Minuten Backzeit: 30 Minuten

200 g Lauch (nur die weißen Teile)
4 EL Olivenöl
Salz, Pfeffer
250 g frischer Lachs
150 g Champignons
1 Bund Dill
1 Mürbeteig-Tarteboden, vorgebacken (siehe Seite 10)
1 EL rosa Pfefferbeeren
1 Rezeptmenge Grundcreme (siehe Seite 12)

Den Backofen auf 160 °C vorheizen. Den Lauch gründlich waschen und fein schneiden. In einem Topf zwei Esslöffel Öl erhitzen, den Lauch und etwas Wasser hinzufügen, mit Salz und Pfeffer würzen und 10 Minuten garen.
Inzwischen den Lachs in einen Siebeinsatz legen und über kochendem Wasser 10 Minuten dämpfen. Die erdigen Stielenden der Champignons kappen, die Pilze mit feuchtem Küchenpapier abwischen und in dünne Scheiben schneiden. Im restlichen Öl anbraten, salzen und pfeffern.
Den gegarten Lachs zerpflücken – dabei die Gräten sorgfältig entfernen – und mit Salz und Pfeffer würzen. Den Dill hacken.
Den Lachs mit Lauch, Pilzen und Dill mischen und auf dem Tarteboden verteilen. Die rosa Pfefferbeeren grob zerstoßen und darüberstreuen. Die Grundcreme darübergießen und die Tarte 30 Minuten backen.

vorhergehende Doppelseite:
links: HÄHNCHEN + PFIFFERLINGE + SCHNITTLAUCH
rechts: PILZE + PECORINO + BOHNENKRAUT

KÜRBIS + PILZE + MARONEN

Vorbereitung: 30 Minuten   Backzeit: 30 Minuten

etwa 500 g Muskatkürbis (350 g Fruchtfleisch)
4 EL Olivenöl
Salz, Pfeffer
100 g Pilze (vorzugsweise Shiitakepilze)
5 Salbeiblätter
1 Rezeptmenge Grundcreme (siehe Seite 12)
1 Mürbeteig-Tarteboden, vorgebacken (siehe Seite 10)
50 g Maronen (vakuumiert)

Den Kürbis schälen, die Kerne entfernen und das Fruchtfleisch in Würfel
schneiden.
Zwei Esslöffel Olivenöl in einer Pfanne erhitzen und den Kürbis darin in
15–20 Minuten weich garen. Gegebenenfalls etwas Wasser hinzufügen, damit
er nicht zu stark bräunt; salzen und pfeffern.
Während der Kürbis gart, die Pilze sorgfältig säubern und in dünne Scheiben
schneiden. Die Salbeiblätter waschen, fein schneiden und beiseitestellen.
Den Kürbis auf einen Teller geben, das restliche Öl in der Pfanne erhitzen, die
Pilze einige Minuten darin anbraten und mit Salz und Pfeffer würzen.
Den Backofen auf 160 °C vorheizen. Die Hälfte der Kürbiswürfel zur Grundcreme
geben und pürieren, den Rest auf dem Tarteboden verteilen. Dann nacheinander
die Pilze und die grob zerkleinerten Maronen daraufgeben und den Salbei darüberstreuen. Die Grundcreme darübergießen und die Tarte 30 Minuten backen.

JAKOBSMUSCHELN + LAUCH + PETERSILIE

Vorbereitung: 25 Minuten   Backzeit: 30 Minuten

150 g Jakobsmuschelfleisch mit Corail (Rogen)
4 EL Olivenöl
150 g Lauch (nur die weißen Teile)
1 Mürbeteig-Tarteboden, vorgebacken (siehe Seite 10)
½ Bund Dill
1 EL rosa Pfefferbeeren
1 Rezeptmenge Grundcreme (siehe Seite 12)

Den Backofen auf 160 °C vorheizen. Die Jakobsmuscheln kurz in Olivenöl anbraten, ohne dass sie Farbe annehmen. Aus der Pfanne heben, den Corail von den Nüsschen trennen und beiseitestellen.
Den Lauch waschen, fein schneiden und in 5 – 10 Minuten in der Pfanne in Öl sehr weich und glasig garen, falls nötig etwas Wasser hinzufügen.
Den Lauch auf dem Tarteboden verteilen, die Jakobsmuschelnüsschen daraufsetzen und den gehackten Dill und die Pfefferbeeren darüberstreuen. Die Grundcreme sorgfältig mit dem Corail mischen, über die Muscheln gießen und die Tarte 30 Minuten backen.

vorhergehende Doppelseite:
links: JAKOBSMUSCHELN + LAUCH + PETERSILIE
rechts: LAMM-TAJINE + MANDELN + QUITTE

LAMM-TAJINE + MANDELN + QUITTE

Vorbereitung: 1 Stunde 10 Minuten
Backzeit: 30 Minuten

1 TL gemahlener Ingwer
1 TL Paprikapulver
1 TL gemahlener Kreuzkümmel
1 Döschen Safran
1 EL Olivenöl
250 g Lammkeule, entbeint und in Würfel geschnitten
Salz, Pfeffer
½ Quitte
1 EL Honig
1 Mürbeteig-Tarteboden, vorgebacken (siehe Seite 10)
30 g Mandelblättchen
1 Rezeptmenge Grundcreme (siehe Seite 12)

Den Backofen auf 160 °C vorheizen. Die Gewürze im Öl anbraten. Das Fleisch dazugeben und braten, bis es rundherum gebräunt und mit den Gewürzen überzogen ist. Salzen, pfeffern, ein Glas Wasser angießen und zugedeckt 30 Minuten köcheln lassen. Dabei darauf achten, dass das Fleisch nicht trocken wird und gegebenenfalls noch etwas Wasser hinzufügen. Inzwischen die Quittenhälfte schälen, halbieren, vom Kerngehäuse befreien und grob würfeln. Mit dem Honig zum Fleisch geben und alles weitere 30 Minuten garen, bis die Sauce eine sirupartige Konsistenz hat. Das Fleisch abkühlen lassen und dann auf dem Tarteboden verteilen. Mit den Mandelblättchen bestreuen, die Grundcreme darübergießen und die Tarte 30 Minuten backen.

BROKKOLI + GORGONZOLA

Vorbereitung: 15 Minuten   Backzeit: 30 Minuten

300 g Brokkoliröschen
Salz
1 Mürbeteig-Tarteboden, vorgebacken (siehe Seite 10)
100 g Gorgonzola
1 Rezeptmenge Grundcreme (siehe Seite 12)

Den Backofen auf 160 °C vorheizen.
Die Brokkoliröschen dämpfen oder 5 Minuten in Salzwasser kochen. Abgießen und unter kaltem Wasser abschrecken, um den Garprozess zu stoppen. Die Röschen auf dem vorgebackenen Tarteboden verteilen, den grob gewürfelten Gorgonzola darüberstreuen, die Grundcreme darübergießen und die Tarte im Ofen 30 Minuten backen.

ENTEN-CONFIT + WEISSE RÜBCHEN + APFEL

Zubereitung: 30 Minuten   Backzeit: 30 Minuten

1 Apfel
100 g weiße Rübchen
2 EL Olivenöl
3 EL Zucker
1 eingelegte Entenkeule (Enten-Confit; etwa 150 g)
Salz, Pfeffer
1 Mürbeteig-Tarteboden, vorgebacken (siehe Seite 10)
1 Rezeptmenge Grundcreme (siehe Seite 12)

Den Backofen auf 160 °C vorheizen. Den Apfel und die Rübchen schälen und in
Würfel schneiden.
Das Öl in einer Pfanne erhitzen und Apfel und Rübchen kurz darin anschwitzen.
Dann den Zucker hinzufügen und karamellisieren lassen.
Das Entenfleisch vom Knochen lösen und in kleine Stücke zupfen. Mit der
Apfel-Rüben-Mischung vermengen, mit Salz und Pfeffer abschmecken und auf
dem Tarteboden verteilen.
Die Grundcreme darübergießen und die Tarte 30 Minuten backen.

Süße
TARTES

So gelingt Ihr
SÜSSER MÜRBETEIG

Zubereitung: 20 Minuten   Ruhen: 90 Minuten   Backzeit: 20 Minuten

200 g Mehl (Type 450 oder 550)
25 g gemahlene Mandeln
80 g Puderzucker
1 Prise Salz
120 g eiskalte Butter, klein gewürfelt
1 Ei

Das Mehl mit den Mandeln, Puderzucker und Salz mischen. Die Butter hinzufügen und die Zutaten mit den Fingerspitzen zu einem feinkrümeligen Teig verarbeiten. Dabei darauf achten, dass die Butter nicht zu warm wird (**1**).
Das verquirlte Ei (**2**) zur Mehlmischung geben und das Ganze mit den Handballen (**3**) rasch zu einem homogenen Teig verkneten, aber keinesfalls zu stark durchkneten. Der Teig kann auch in der Küchenmaschine zubereitet werden. Den Teig anschließend zu einer Kugel formen, in Frischhaltefolie einschlagen (**4**) und mindestens 1 Stunde im Kühlschrank ruhen lassen.
Die Teigkugel mit dem Nudelholz flach drücken und auf der mit Mehl bestaubten Arbeitsfläche zu einer Scheibe ausrollen. Die Scheibe sollte größer sein als die Backform oder der Ring (**5**). Die Form mit Butter einfetten und mit dem Teig auskleiden. Den Teig dabei am Rand gut andrücken (**6**). Den Teig mehrfach mit einer Gabel einstechen (**7**) und noch einmal für mindestens 30 Minuten kalt stellen.
Den Mürbeteig im auf 160 °C vorgeheizten Backofen 30 Minuten blindbacken und vor dem Belegen oder Garnieren auskühlen lassen.

Wichtig: Die Butter muss sehr kalt sein. Den Teig erst ausrollen, wenn er ausreichend lange geruht hat und gekühlt wurde. Den Teig vor dem Blindbacken unbedingt noch einmal kalt stellen, damit er nicht aufgeht oder am Rand zusammenfällt.

Variation: Die gemahlenen Mandeln durch gemahlene Haselnüsse oder Pistazien ersetzen und/oder den Teig mit Vanille, Zimt oder Kakaopulver aromatisieren.

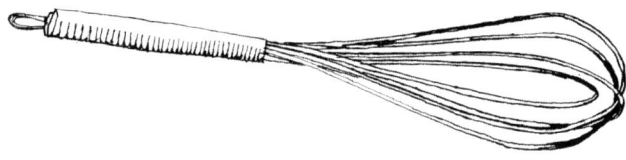

So gelingt Ihre
MANDELCREME

Zubereitung: 10 Minuten

100 g weiche Butter
100 g Zucker
2 Eier
100 g gemahlene Mandeln

Die Butter geschmeidig rühren (**1**).
Den Zucker hinzufügen und gut mit der Butter vermengen (**2**).
Die Eier mit einer Gabel verquirlen (**3**) und mit der Butter-Zucker-Mischung
verschlagen (**4**).
Die gemahlenen Mandeln dazugeben (**5**) und die Zutaten mit dem Schneebesen
zu einer homogenen Creme verrühren (**6**).

**Die Mandelcreme kann bereits am Vortag hergestellt und in einer luftdicht
verschlossenen Dose oder mit Frischhaltefolie abgedeckt im Kühlschrank aufbewahrt werden.**

So gelingt Ihre
KONDITORCREME

Zubereitung: 15 Minuten Garzeit: 3–5 Minuten

200 ml Milch
1 Vanilleschote
2 Eigelb
50 g Zucker
20 g Mehl

Die Milch mit der aufgeschlitzten Vanilleschote aufkochen lassen (1).
In der Zwischenzeit die Eigelbe mit dem Zucker in einer Schüssel cremig aufschlagen (2). Das Mehl hinzufügen (3) und sorgfältig unterrühren. Dabei darauf
achten, dass sich keine Klümpchen bilden. Die Hälfte der heißen Milch darübergießen (4) und dabei kräftig mit dem Schneebesen rühren. Die Mischung
anschließend zur restlichen Milch in den Topf gießen (5).
Den Topf wieder auf den Herd stellen und die Mischung so lange mit dem Schneebesen bei mittlerer Hitze schlagen (6), bis sie eindickt (das dauert 3–5 Minuten).
Die Creme in eine Schüssel umfüllen (7), die Vanilleschote herausnehmen und die
Creme abkühlen lassen.

GRUNDTECHNIKEN

FRÜCHTE VORBEREITEN

Die Rezepte in diesem Buch sind nach Jahreszeiten geordnet, denn am allerbesten schmeckt eine Tarte nun mal mit frischen Früchten.

Die Früchte vor der Zubereitung gründlich unter fließendem kaltem Wasser waschen und mit Küchenpapier trocken tupfen. Zarte Früchte wie Himbeeren verlesen. Obst sollte immer erst unmittelbar vor der Zubereitung gewaschen werden, weil es sonst schneller verdirbt. Das gilt im Übrigen auch für das Schälen, denn viele Früchte oxidieren beim Schälen, und das Fruchtfleisch wird braun.

Um den herrlichen säuerlichen Geschmack von Zitrusfrüchten ohne störende Häutchen genießen zu können, sollte man sie filetieren. Von Orangen das obere und untere Ende abschneiden, die Frucht auf ein Küchenbrett stellen und mit einem kleinen scharfen Messer oder mit einem Sägemesser so dick abschälen, dass auch die weiße Innenhaut entfernt wird. Anschließend die Frucht in die Hand nehmen und mit dem Messer Stück für Stück zwischen Fruchtfleisch und Membran fahren, die jedes einzelne Segment umschließt. So lässt sich das Fruchtfleisch vorsichtig herauslösen, ohne dass die Segmente zerfallen.

Früchte, die vorher gekocht werden müssen, nicht zu lange erhitzen, damit sie nicht zu Kompott zerfallen, denn sie garen beim Backen noch weiter.

APFELTARTE-VARIATIONEN

APFELKOMPOTT + ROHER APFEL
Zubereitung: 30 Minuten   Backzeit: 20 Minuten

4 Äpfel
1 süßer Tarteboden, vorgebacken (siehe Seite 96)
½ Rezeptmenge Mandelcreme (siehe Seite 98)
1 EL brauner Zucker

Den Backofen auf 160 °C vorheizen. Drei Äpfel schälen, vierteln und die Kerngehäuse entfernen. Das Fruchtfleisch in drei bis vier Spalten oder kleine Würfel schneiden und mit einem halben Glas Wasser in 15–20 Minuten zu Kompott kochen (das Kompott sollte ein paar Stücke enthalten). Die Garzeit kann je nach Apfelsorte variieren.
Den Tarteboden mit der Mandelcreme bestreichen und das Kompott darauf verteilen. Den vierten Apfel schälen, vom Kerngehäuse befreien, darüberraspeln und mit dem Zucker bestreuen. Die Tarte 20 Minuten backen und lauwarm oder kalt servieren.

ÄPFEL + MANDELN
Zubereitung: 30 Minuten   Backzeit: 20 Minuten

3 Äpfel
1 süßer Tarteboden, vorgebacken (siehe Seite 96)
½ Rezeptmenge Mandelcreme (siehe Seite 98)
1 EL brauner Zucker
30 g Mandelblättchen

Den Backofen auf 160 °C vorheizen. Die Äpfel schälen, vierteln und die Kerngehäuse entfernen. Das Fruchtfleisch in schmale Spalten oder kleine Würfel schneiden und mit einem halben Glas Wasser 15–20 Minuten zu Kompott kochen (das Kompott sollte noch einige Stücke enthalten). Die Kochzeit kann je nach Apfelsorte variieren.
Den Tarteboden mit der Mandelcreme bestreichen (oder die Creme mit einem Spritzbeutel aufspritzen), das Apfelkompott darauf verteilen und mit Zucker und Mandelblättchen bestreuen. Die Tarte 20 Minuten backen und lauwarm oder kalt genießen.

APFEL + KOKOSCREME

Zubereitung: 30 Minuten   Backzeit: 20 Minuten

2 Äpfel (Granny Smith)
1 Ei
50 g Zucker
2 EL Sahne
20 g Mehl
2 EL neutrales Pflanzenöl
20 g Kokosraspel
1 gehäufter TL Backpulver
1 süßer Tarteboden, vorgebacken (siehe Seite 96)

Den Backofen auf 160 °C vorheizen. Die Äpfel schälen, vierteln und die Kerngehäuse entfernen. Die
Viertel halbieren, auf einem Backblech verteilen und
10 Minuten im Backofen garen.
Inzwischen Ei und Zucker verquirlen. Sahne, Mehl,
Öl, Kokosraspel und Backpulver hinzufügen und gut
unterrühren. Den Tarteboden mit den Apfelspalten
belegen und die Kokoscreme darauf verteilen. Die Tarte
20 Minuten backen und lauwarm oder kalt servieren.

APFEL + STREUSEL

Zubereitung: 30 Minuten   Ruhen: 1 Stunde
Backzeit: 30 Minuten

450 g Äpfel
1 Vanilleschote oder 1 TL gemahlener Zimt
1 süßer Tarteboden, vorgebacken (siehe Seite 96)

Für die Streusel
100 g kalte Butter, gewürfelt
100 g Mehl
100 g gemahlene Haselnüsse
50 g Muscovadozucker
50 g Zucker
1 Prise Meersalz

Den Backofen auf 160 °C vorheizen. Die Zutaten für
die Streusel mit den Fingerspitzen zu einem krümeligen Teig verarbeiten, den Teig zu einer Kugel zusammendrücken (aber nicht zu sehr kneten) und 1 Stunde
im Kühlschrank ruhen lassen. Anschließend mit der
groben Seite der Küchenreibe auf ein Backblech
reiben und die so entstandenen Streusel 15 Minuten
backen.
Inzwischen die Äpfel schälen, vom Kerngehäuse
befreien und in Spalten schneiden. Den Boden eines
Topfs mit Wasser bedecken und die Äpfel darin bei
geringer Hitze mit der aufgeschlitzten Vanilleschote
oder dem Zimt zu Kompott kochen. Den Tarteboden
mit dem Kompott bedecken und 15 Minuten backen.
Aus dem Ofen nehmen, sofort mit den Streuseln
bestreuen und lauwarm oder kalt servieren.

GESTÜRZTE APFEL-ORANGEN-TARTE

Zubereitung: 30 Minuten   Backzeit: 30–35 Minuten

4 Äpfel
2 unbehandelte Orangen
150 g Zucker
50 g gesalzene Butter
1 Rezeptmenge süßer Mürbeteig, gut gekühlt (siehe
Seite 96)

Den Backofen auf 180 °C vorheizen. Die Äpfel
schälen, vierteln, von den Kerngehäusen befreien und
in Spalten schneiden.
Die Schale von einer Orange mit dem Zestenreißer in
feinen Streifen abziehen, die zweite Orange mitsamt
der weißen Innenhaut schälen und filetieren. Den
Zucker mit etwas Wasser in einem Topf karamellisieren lassen, in eine runde Backform gießen und abkühlen lassen.
Die Apfel- und Orangenspalten darauf verteilen, die
Orangenzesten darüberstreuen und mit Butterflöck-
chen besetzen.
Den Teig ausrollen und mehrfach mit einer Gabel
einstechen. Auf das Obst legen und die Ränder in der
Form gut andrücken.
Die Tarte 30–35 Minuten backen. Kurz in der Form
abkühlen lassen, vom Formrand lösen und auf eine
Servierplatte stürzen.

vorhergehende Doppelseite:
links: APFEL + KOKOSCREME
rechts: APFEL + STREUSEL

LIMETTE + INGWER

Zubereitung: 20 Minuten Backzeit: 30 – 35 Minuten Kühlen: 3 Stunden

15 Ingwerkekse
40 g Butter
3 – 4 unbehandelte Limetten
4 Eigelb
1 Dose (400 ml) gezuckerte Kondensmilch

Den Backofen auf 160 °C vorheizen. Die Ingwerkekse in der Küchenmaschine
(oder in einer Schüssel) zerkrümeln. Die Butter zerlassen, unter die Kekskrümel
mengen und den Boden einer Tarteform damit auskleiden. Die Masse dabei
gut andrücken und am Rand etwas hochziehen. Den Boden anschließend 15 – 20
Minuten backen.
In der Zwischenzeit die Schale der Limetten abreiben und die Früchte auspressen
(Sie benötigen 100 – 150 Milliliter Saft).
Die Eigelbe und die Limettenschale mit dem Schneebesen cremig aufschlagen.
Kondensmilch und Limettensaft hinzufügen und kräftig mit dem Schneebesen
unterrühren.
Die Creme auf den Boden gießen und die Tarte 15 Minuten backen. Dann sollte
die Creme gestockt, aber in der Mitte noch etwas weich sein. Die Tarte bei
Raumtemperatur abkühlen lassen und anschließend für mindestens 3 Stunden in
den Kühlschrank stellen. Vor dem Servieren nach Belieben mit Limettenzesten
bestreuen.

ZITRONENCREME + BAISER

Zubereitung: 35 Minuten   Ruhen: 3 Stunden   Backzeit: 10 Minuten

1 süßer Tarteboden, vorgebacken (siehe Seite 96)

Für die Zitronencreme
3 unbehandelte Zitronen
75 g Butter
3 Eier
120 g Zucker
1 gestrichener EL Maisstärke

Für das Baiser
120 g Zucker
2 Eiweiß
2 Tropfen Zitronensaft

Für die Zitronencreme die Schale von einer Zitrone fein abreiben und alle
Zitronen auspressen.
Die Butter in einem Topf zerlassen.
In der Zwischenzeit die Eier mit dem Zucker und der Maisstärke verquirlen.
Die Mischung unter kräftigem Rühren zur Butter geben. Zitronensaft und -schale
hinzufügen. Die Creme bei mittlerer Hitze unter Rühren bis knapp unter den
Siedepunkt erhitzen, bis sie eindickt. Dann den Topf vom Herd nehmen. Die
Creme auf dem Tarteboden verstreichen, bei Raumtemperatur abkühlen lassen
und dann für mindestens 3 Stunden in den Kühlschrank stellen.
Sobald die Tarte schön kalt ist, den Backofengrill vorheizen. Für die Baisermasse
die Eiweiße steif schlagen, dabei den Zucker einrieseln lassen und den Zitronensaft dazugeben. Den fertigen Eischnee noch etwa 3 Minuten schlagen.
Die Baisermasse auf der Zitronencreme verteilen und die Tarte kurz unter den
Backofengrill schieben, bis das Baiser leicht gebräunt ist. Die Tarte sofort servieren
oder im Kühlschrank aufbewahren.

TARTE LINZER ART

Zubereitung: 20 Minuten   Ruhen: 1 Stunde   Backzeit: 25 Minuten

250 g Mehl
125 g gemahlene Mandeln
1 TL gemahlener Zimt
1 Messerspitze gemahlene Gewürznelke
125 g Zucker
1 TL Backpulver
1 EL Kakaopulver
100 g kalte Butter, gewürfelt
2 Eier
100 g Himbeerkonfitüre

Das Mehl mit Mandeln, Gewürzen, Zucker, Backpulver und Kakaopulver mischen. Die Butter hinzufügen und die Zutaten mit den Fingerspitzen zu einem feinkrümeligen Teig verarbeiten. Die Eier verquirlen, dazugeben und alles zu einem glatten Teig verkneten. Den Teig zu einer Kugel formen, in Frischhaltefolie einschlagen und mindestens 1 Stunde im Kühlschrank ruhen lassen.
Den Backofen auf 160 °C vorheizen. Zwei Drittel des Teigs ausrollen und eine mit Butter eingefettete Form damit auskleiden. Die Konfitüre auf dem Boden verstreichen. Den restlichen Teig ausrollen, in schmale Streifen schneiden und gitterförmig auf der Konfitüre anordnen. Die Tarte 25 Minuten backen und anschließend auf einem Kuchengitter auskühlen lassen.

TARTE À LA PAVLOVA + MASCARPONECREME + OBSTSALAT

Zubereitung: 20 Minuten   Backzeit: 1 Stunde

Für das Baiser
4 Eiweiß
1 Prise Salz
220 g Zucker
1 EL Zitronensaft
1 EL Maisstärke

Für die Mascarponecreme
250 g Mascarpone
1 Päckchen Vanillezucker
50 g Puderzucker

Früchte
½ Mango
1 Fruchtrispe Weintrauben
5 Erdbeeren
1 Maracuja (nach Belieben)

Den Backofen auf 120 °C vorheizen. Für das Baiser die Eiweiße mit dem Salz in
etwa 2 Minuten mit dem Handmixer steif schlagen. Bei laufendem Mixer zwei
Esslöffel Zucker und den Zitronensaft hinzufügen. Den restlichen Zucker und die
Maisstärke dazugeben und die Masse weitere 5 Minuten schlagen, bis sie glänzt
und Spitzen bildet, wenn man die Rührbesen herauszieht.
Ein Backblech mit Backpapier auslegen und einen Ring daraufsetzen. Die Baiser-
masse in den Ring füllen, in der Mitte eine kleine Vertiefung formen und den
Ring abnehmen. Oder die Masse mit einem Spatel auf dem Backpapier zu einem
Kreis in der Größe der Tarteform verstreichen und eine kleine Vertiefung für die
Creme und die Früchte in die Mitte drücken. Das Baiser 1 Stunde backen und
danach auf einem Kuchengitter auskühlen lassen.
Sobald das Baiser abgekühlt ist, den Mascarpone mit dem Schneebesen mit Vanille-
und Puderzucker kräftig verschlagen. Die Creme in die Vertiefung des Baisers
füllen und mit den gewaschenen, klein geschnittenen Früchten und dem Fruchtfleisch der Maracuja garnieren. Die Pavlova bis zum Servieren kalt stellen.

**Bei der Auswahl der Früchte lassen Sie sich am besten vom Angebot der jeweiligen
Saison inspirieren.**

MARACUJACREME + KOKOS-HASELNUSS-BAISER

Zubereitung: 30 Minuten Ruhen: 12 Stunden Backzeit: 45 Minuten

1 süßer Tarteboden, vorgebacken (siehe Seite 96)
1 unbehandelte Limette

Für die Maracujacreme

100 g Zucker
4 Eier
125 g Maracujapüree
abgeriebene Schale von 1 unbehandelten Zitrone
125 g Butter, gewürfelt

Für das Baiser

1 Eiweiß
60 g Zucker
15 g gemahlene Haselnüsse
15 g Kokosraspel

Für die Maracujacreme den Zucker, die Eier, das Maracujapüree und die
Zitronenschale in einen Topf geben und kräftig mit dem Schneebesen verrühren.
Anschließend 5–7 Minuten bei geringer Hitze unter ständigem Schlagen mit
dem Schneebesen eindicken lassen.
Die Butterwürfel in eine Schüssel geben, die heiße Eimasse darübergießen und
so lange rühren, bis eine glatte, glänzende Creme entstanden ist. Die Creme auf
dem Tarteboden verstreichen und für mindestens 12 Stunden kalt stellen.
Den Backofen auf 110 °C vorheizen. Für das Baiser das Eiweiß sehr steif schlagen,
den Zucker einrieseln lassen und so lange weiterschlagen, bis die Masse glatt ist
und glänzt.
Mit einem Teigschaber oder einem Holzlöffel vorsichtig die Nüsse und die Kokosraspel unterziehen. Die Masse – am besten mit einem Spritzbeutel – in einem
Streifen auf einem mit Backpapier ausgelegten Backblech verteilen und 45 Minuten backen. Das Baiser sollte sehr trocken und knusprig sein. Das Kokos-Hasel-
nuss-Baiser auskühlen lassen und danach zerkrümeln. Wie fein Sie es zerkleinern,
bleibt Ihnen überlassen.
Die Tarte aus dem Kühlschrank nehmen, am Rand mit dem Baiser bestreuen und
in der Mitte mit in Zesten abgezogener Limettenschale dekorieren.

**Wichtig: Die Tarte muss im Kühlschrank aufbewahrt und erst unmittelbar vor dem
Servieren herausgenommen werden. Das Baiser kann bereits einige Tage im Voraus
hergestellt und in einer dicht schließenden Dose aufbewahrt werden.**

BANANE + KOKOSCREME

Zubereitung: 30 Minuten Ruhen: 5 Stunden Kochzeit: 20 Minuten

3 reife Bananen
3 EL brauner Zucker
250 ml Kokosmilch
25 g Tapiokaperlen
50 g Zucker
1 süßer Tarteboden, vorgebacken (siehe Seite 96)
3 EL brauner Zucker zum Dekorieren

Die Bananen schälen, in Stücke schneiden und in etwa 10 Minuten mit etwas
Wasser zu Kompott kochen.
In der Zwischenzeit den braunen Zucker mit etwas Wasser karamellisieren lassen.
Den Karamell unter die Bananen rühren und abkühlen lassen.
Die Kokosmilch in einem Topf aufkochen, Tapioka und Zucker einrühren und die
Mischung etwa 10 Minuten kochen lassen, bis sie eindickt. Den Topf vom Herd
nehmen.
Den Bananenkaramell auf dem Tarteboden verteilen und die Kokoscreme darüber-
gießen. Die Creme bei Zimmertemperatur abkühlen und fest werden lassen und
die Tarte danach für mindestens 5 Stunden in den Kühlschrank stellen.
Zum Dekorieren aus dem Zucker und etwas Wasser einen Karamell herstellen und
die Creme mithilfe einer Gabel damit verzieren.

MANGO + KARAMELLBONBONS

Zubereitung: 20 Minuten   Backzeit: 20 Minuten

2 Eier
80 g Zucker
80 g Crème double
⅓ Rezeptmenge Mandelcreme (siehe Seite 98)
200 g Mangofruchtfleisch
3 EL brauner Zucker
1 EL Butter
1 süßer Tarteboden, vorgebacken (siehe Seite 96)
2 weiche Karamellbonbons (mit gesalzener Butter hergestellt)

Den Backofen auf 160 °C vorheizen. Eier und Zucker verquirlen, mit der Crème double und der Mandelcreme verrühren und kalt stellen.
Das Mangofruchtfleisch in breite Streifen schneiden. Den braunen Zucker in einer Pfanne mit etwas Wasser karamellisieren lassen, die Butter einrühren und die Mangostreifen etwa 5 Minuten darin karamellisieren, ohne dass sie zerfallen.
Die Creme auf dem Tarteboden verstreichen und mit den Mangostreifen belegen. Die Tarte 20 Minuten backen, mit den fein gewürfelten Karamellbonbons bestreuen und lauwarm oder kalt servieren.

KARAMELLISIERTE BANANEN + HASELNUSSCREME

Zubereitung: 30 Minuten   Backzeit: 20 Minuten

2 Bananen
2 EL brauner Zucker
80 g + 1 EL Butter
100 g Puderzucker
20 g Mehl
35 g gemahlene Haselnüsse
2 Eiweiß
1 süßer Tarteboden, vorgebacken (siehe Seite 96)

Den Backofen auf 160 °C vorheizen. Die Bananen schälen und in etwa zwei Zentimeter dicke Scheiben schneiden. Den braunen Zucker in einer Pfanne mit etwas Wasser karamellisieren lassen, einen Esslöffel Butter einrühren und die Bananen darin karamellisieren. Aus der Pfanne nehmen und zur Seite stellen. In einer Schüssel die restliche Butter mit Puderzucker, Mehl und Haselnüssen cremig rühren. Die Eiweiße sehr steif schlagen und mit einem Teigschaber oder einem Holzlöffel vorsichtig unterheben.
Die Creme auf den Tarteboden geben, mit den karamellisierten Bananen belegen und die Tarte 20 Minuten backen.

ANANAS + MINZE + KOKOSCREME

Zubereitung: 20 Minuten   Ruhen: 5 Stunden
Kochzeit: 10 – 15 Minuten

200 g frische Ananas
1 Bund Minze
1 süßer Tarteboden, vorgebacken (siehe Seite 96)

Für die Kokoscreme
1 Ei
1 Eigelb
60 g Zucker
250 ml Kokosmilch

Die Ananas schälen, den harten Strunk entfernen, das Fruchtfleisch klein schneiden und 10 – 15 Minuten in etwas Wasser zu einem Kompott kochen (es sollte stückig sein). Ein halbes Bund gewaschene Minze hineinlegen, damit sie ihr Aroma abgibt, und die Ananas abkühlen lassen. Sobald das Kompott abgekühlt ist, die Minze herausnehmen. Die restliche Minze waschen, trocken schleudern, die Blätter abzupfen und hacken.
Für die Creme das aufgeschlagene Ei und das Eigelb in einen Topf geben. Zucker und Kokosmilch in einem zweiten Topf zum Kochen bringen und unter ständigem Schlagen mit einem Schneebesen über die Eier gießen. Den Topf auf den Herd stellen und so lange schlagen, bis eine glatte, glänzende Creme entstanden ist. Die Creme bei Raumtemperatur abkühlen lassen und danach für mindestens 5 Stunden in den Kühlschrank stellen.
Die Kokoscreme auf den Tarteboden streichen, das Ananaskompott darauf verteilen, die gehackte Minze darüberstreuen und die Tarte gut gekühlt servieren.

vorhergehende Doppelseite:
links: MANGO + KARAMELLBONBONS
rechts: KARAMELLISIERTE BANANEN + HASELNUSSCREME

ZARTBITTERSCHOKOLADE + KAFFEE

Zubereitung: 20 Minuten Ruhen: 3 Stunden Kochzeit: 10 Minuten

200 g Sahne
1 EL Instant-Kaffeepulver
250 g Zartbitterschokolade, klein gehackt
30 g Butter
1 süßer Tarteboden, vorgebacken (siehe Seite 96)
2 Spekulatius

Die Sahne in einem Topf zum Kochen bringen und das Kaffeepulver darin auflösen.
Den Topf vom Herd nehmen, die Schokolade hineingeben und unter Rühren
schmelzen lassen. Dann die Butter hinzufügen und so lange rühren, bis die Masse
glatt ist und glänzt.
Die Ganache anschließend entweder sofort auf dem Tarteboden verstreichen
und die Tarte für mindestens 3 Stunden kalt stellen oder die Ganache für 3 Stunden
kühlen und dann mit einem Spritzbeutel auf dem Boden aufspritzen. Die Tarte
vor dem Servieren mit den zerkrümelten Spekulatius bestreuen.

SCHOKOLADENTARTE

Zubereitung: 20 Minuten Backzeit: 25 – 30 Minuten

2 Eier
90 g Rohzucker
60 g Butter, zerlassen
300 g Crème double
30 g Mehl
20 g Kakaopulver
1 TL Backpulver
1 süßer Tarteboden, vorgebacken (siehe Seite 96)

Den Backofen auf 160 °C vorheizen. Eier und Zucker mit dem Schneebesen oder
mit den Rührbesen des Mixers cremig aufschlagen. Anschließend nacheinander
die zerlassene Butter und die Crème double einrühren. Das Mehl mit dem Kakaopulver und Backpulver mischen und ebenfalls unterrühren.
Die Masse auf dem Tarteboden verstreichen und die Tarte 25 – 30 Minuten backen.

KAFFEE + WEISSE SCHOKOLADE + CAPPUCCINOCREME

Zubereitung: 20 Minuten   Ruhen: 5 Stunden

120 ml Sahne
1 TL Instant-Kaffeepulver
200 g weiße Schokolade
1 süßer Tarteboden, vorgebacken (siehe Seite 96)
50 g schokolierte Kaffeebohnen

Für die Cappuccinocreme
100 ml Sahne
1 TL Instant-Kaffeepulver
2 EL Zucker

Die Sahne bei schwacher Hitze in einem Topf erwärmen. Das Kaffeepulver
darin auflösen. Die Schokolade zugeben, unter Rühren darin schmelzen und die
Masse auf dem Tarteboden verstreichen. Bei Raumtemperatur fest werden und
anschließend mindestens 5 Stunden im Kühlschrank ruhen lassen.
Für die Cappuccinocreme das Kaffeepulver in der Sahne auflösen und die Sahne
steif schlagen, dabei den Zucker einrieseln lassen.
Die Cappuccinocreme auf dem Tarteboden verstreichen, mit den Kaffeebohnen
verzieren und die Tarte gut gekühlt servieren.

ZARTBITTERSCHOKOLADE + NÜSSE + TROCKENFRÜCHTE

Zubereitung: 20 Minuten Ruhen: 2 Stunden

140 g Zartbitterschokolade, gehackt
100 ml Vollmilch
100 ml Sahne
2 Eigelb
30 g Zucker
1 süßer Tarteboden, vorgebacken (siehe Seite 96)
4 Walnusskerne
10 Pistazien
2 getrocknete Aprikosen
10 Rosinen

Die Schokolade in eine Schüssel geben. Milch und Sahne in einem Topf aufkochen, über die Schokolade gießen und diese unter Rühren zerlassen.
Die Eigelbe mit dem Zucker schaumig schlagen, die Schokoladensahne unterziehen und die Masse 2 Stunden im Kühlschrank ruhen lassen. Die Creme auf dem Tarteboden verstreichen und mit Walnusskernen, Pistazien, klein geschnittenen Aprikosen und Rosinen verzieren.

VOLLMILCHSCHOKOLADE + HASELNÜSSE

Zubereitung: 20 Minuten Ruhen: 3 Stunden

300 g Vollmilchschokolade, gehackt
200 ml Sahne
30 g Butter
30 g gemahlene Haselnüsse
1 süßer Tarteboden, vorgebacken (siehe Seite 96)
30 g Haselnusskerne

Die Schokolade in eine Schüssel geben. Die Sahne in einem Topf aufkochen lassen, über die Schokolade gießen und so lange rühren, bis eine glatte, glänzende Creme entstanden ist. Die Butter in kleinen Stücken hinzufügen und unter Rühren schmelzen lassen.
Den Tarteboden mit den gemahlenen Haselnüssen bestreuen und die Schokoladenganache darauf verteilen. Die Haselnusskerne mit dem Nudelholz oder im Mörser grob zerstoßen, die Tarte damit garnieren und vor dem Servieren mindestens 3 Stunden im Kühlschrank ruhen lassen.

MOUSSE AU CHOCOLAT + MARONENMOUSSE

Zubereitung: 30 Minuten Ruhen: 3 Stunden

1 süßer Tarteboden, vorgebacken (siehe Seite 96)

Für die Mousse au Chocolat
3 Eier
100 g Schokolade
20 g Zucker

Für die Maronenmousse
150 g *pâte de marrons* (Maronenpaste)
50 g Maronencreme
25 g weiche Butter
100 ml Sahne
30 g Zucker

Für die Mousse au Chocolat die Eier trennen. Die Schokolade im Wasserbad schmelzen und nacheinander den Zucker und die Eigelbe unterrühren. Die Eiweiße sehr steif schlagen, mit einem Teigschaber vorsichtig unter die Schokoladenmasse heben und die Mousse mindestens 3 Stunden im Kühlschrank ruhen lassen.
Für die Maronenmousse die Maronenpaste mit der Maronencreme und der Butter verrühren. Die Sahne sehr steif schlagen, dabei den Zucker einrieseln lassen, und mit einem Teigschaber oder Holzlöffel unter die Maronenmasse ziehen. Die Mousse mindestens 3 Stunden im Kühlschrank ruhen lassen.
Die Mousse au Chocolat auf dem Tarteboden verstreichen, mit der Maronenmousse bedecken und die Tarte bis zum Servieren kalt stellen.

vorhergehende Doppelseite:
links: ZARTBITTERSCHOKOLADE + NÜSSE + TROCKENFRÜCHTE
rechts: MOUSSE AU CHOCOLAT + MARONENMOUSSE

WEISSE SCHOKOLADE + HIMBEEREN

Zubereitung: 20 Minuten   Ruhen: 5 Stunden

120 g Crème double
200 g weiße Schokolade, gehackt
100 g tiefgefrorene Himbeeren, zerstoßen
1 süßer Tarteboden, vorgebacken (siehe Seite 96)

Die Crème double bei niedriger Temperatur erhitzen und vom Herd nehmen. Die Schokolade dazugeben und unter Rühren schmelzen lassen.
Den Tarteboden mit den tiefgefrorenen Himbeerstückchen bestreuen und die flüssige Schokoladencreme darübergießen. Die Creme zunächst bei Zimmertemperatur abkühlen und danach mindestens 5 Stunden im Kühlschrank fest werden lassen. Die Tarte gut gekühlt servieren.

SCHOKOLADEN-FONDANT MIT KAUBONBONHERZ

Zubereitung: 20 Minuten   Ruhen: 1 Stunde
Backzeit: 20 Minuten

1 süßer Tarteboden, vorgebacken (siehe Seite 96)

Für den Schokoladen-Fondant
130 g Zartbitterschokolade
60 g Butter
2 Eier
100 g Zucker
30 g Mehl

Für das Kaubonbonherz
3 Karamellkaubonbons (beispielsweise Carambar)
50 ml Sahne

Für das Kaubonbonherz die Kaubonbons in der Sahne schmelzen lassen. Die Mischung glatt rühren, in eine Mini-Madeleineform aus Silikon oder einen Eiswürfelbehälter gießen und mindestens 1 Stunde tiefkühlen.
Den Backofen auf 160 °C vorheizen. Die Schokolade mit der Butter vorsichtig im Wasserbad schmelzen lassen.
Die Eier mit Zucker und Mehl verrühren, die geschmolzene Schokolade unterziehen und die Hälfte davon auf dem Tarteboden verstreichen. Die fest gewordenen Kaubonbons in die Mitte setzen, mit der restlichen Schokoladenmasse überziehen und die Tarte 20 Minuten backen. Sie sollte in der Mitte noch nicht ganz fest sein.

TARTE „MILLEFEUILLE" MIT VANILLE- + SCHOKOLADENCREME

Zubereitung: 30 Minuten   Ruhen: 3 Stunden
Backzeit: 40 Minuten

2 Rollen Blätterteig (Kühlregal)
Puderzucker

Für die Schokoladencreme
140 g Zartbitterschokolade, gehackt
100 ml Vollmilch
100 ml Sahne
2 Eigelb
30 g Zucker

Für die Vanillecreme
1 Rezeptmenge Konditorcreme (siehe Seite 100)
1 Vanilleschote
1 Blatt Gelatine (2 g)
200 ml Sahne

Für die Schokoladencreme die Schokolade in eine Schüssel geben. Die Milch mit der Sahne in einem Topf aufkochen und über die Schokolade gießen. Die Schokolade unter Rühren schmelzen lassen.
Die Eigelbe mit dem Zucker cremig schlagen, unter die Schokoladensahne ziehen und für mindestens 2 Stunden kalt stellen.
Die Konditorcreme mit Vanilleschote und ausgekratztem Mark zubereiten und am Ende der Kochzeit die eingeweichte Gelatine unterziehen. Die Vanilleschote herausnehmen. Sobald die Konditorcreme etwas abgekühlt ist, die Sahne steif schlagen, vorsichtig unterheben und die Creme kalt stellen.
Inzwischen den Blätterteig auf einem Backblech entrollen und drei Platten in der gewünschten Form (Rechteck, Quadrat, Kreis) zurechtschneiden. Eine Platte mit einem zweiten Blech beschweren, damit der Teig nicht aufgeht, und 10 Minuten im auf 180 °C vorgeheizten Backofen backen. Aus dem Ofen nehmen, sofort mit Puderzucker bestauben und nochmals, diesmal unbeschwert, für 2–3 Minuten in den Ofen schieben, bis der Zucker karamellisiert ist.
Mit den anderen beiden Teigplatten ebenso verfahren. Die Teigplatten auskühlen lassen.
Einen erkalteten Blätterteigboden auf eine Servierplatte legen und mit der Vanillecreme bestreichen. Die zweite Teigplatte darauflegen und mit der Schokoladencreme bestreichen. Oder die Cremes mit dem Spritzbeutel aufspritzen (siehe Foto). Zum Schluss die dritte Teigplatte daraufsetzen. Die Tarte gut gekühlt servieren.

vorhergehende Doppelseite:
links: WEISSE SCHOKOLADE + HIMBEEREN
rechts: SCHOKOLADEN-FONDANT MIT KAUBONBONHERZ

BLÄTTERTEIGTARTE MIT FRANGIPANE

Zubereitung: 20 Minuten   Backzeit: 25–30 Minuten

2 Rollen Blätterteig (Kühlregal)
1 Rezeptmenge Mandelcreme (siehe Seite 98)
2 EL Amaretto
1 Ei

Den Backofen auf 160 °C vorheizen. Beide Blätterteigplatten entrollen und zwei
Böden in der gewünschten Form (Quadrat, Kreis oder Rechteck) ausschneiden.
Eine Teigplatte mehrfach mit einer Gabel einstechen. Die Mandelcreme mit
dem Amaretto verrühren und darauf verstreichen. Dabei rundherum einen Rand
frei lassen.
Das Ei trennen. Den ausgesparten Teigrand mit Eiweiß bepinseln, die zweite Teigplatte auflegen und die Ränder gut zusammendrücken.
Mit einem Messer ein Muster in den Teig ritzen und die Oberfläche mit dem Eigelb
bepinseln. Die Tarte 25–30 Minuten backen und lauwarm servieren.

KARAMELCREME + SAHNE + DAIMSTÜCKCHEN

Zubereitung: 30 Minuten Ruhen: 1 Stunde Kochzeit: 30 Minuten

120 g Zucker
4 Eigelb
20 g Maisstärke
½ Vanilleschote
400 ml Milch
200 ml Sahne
1 Prise Salz
1½ EL Butter, gewürfelt
1 süßer Tarteboden, vorgebacken (siehe Seite 96)

Zum Garnieren

250 ml Sahne oder Schmant
30 g Zucker
30 g Daimbonbons

In einer Schüssel die Hälfte des Zuckers mit den Eigelben und der Maisstärke
verrühren, beiseitestellen.

Den restlichen Zucker in einem Topf mit 60 Milliliter Wasser, der Vanilleschote
und dem ausgekratzten Vanillemark verrühren und bei starker Hitze schmelzen
lassen, bis ein goldgelber Karamell entstanden ist. Das dauert etwa 5 Minuten.
Inzwischen in einem zweiten Topf die Milch mit der Sahne erwärmen. Den Karamell vom Herd nehmen und die Sahnemilch langsam darübergießen (Vorsicht,
es kann aufwallen oder spritzen!). Den Topf wieder auf den Herd stellen, den
Karamell unter Rühren aufkochen lassen und dann sofort vom Herd nehmen. Die
Vanilleschote entfernen.

Ein Drittel des Sahnekaramells mit dem Schneebesen unter die Eigelbmasse
rühren. Diese Mischung unter den restlichen Karamell ziehen, den Topf wieder auf
den Herd stellen und die Masse eindicken lassen. Dabei laufend mit dem Schneebesen rühren.

Den Topf erneut vom Herd nehmen, das Salz und die Butter gründlich unter
die Creme rühren, diese auf den Tarteboden streichen und für mindestens 1 Stunde
kalt stellen.

Sobald die Creme kalt ist, die Sahne oder den Schmant mit dem Zucker steif
schlagen und auf der Karamellcreme verstreichen. Die Daimbonbons mit dem
Nudelholz oder im Mörser grob zerstoßen, die Tarte damit bestreuen und gut
gekühlt servieren.

SAHNE + HASELNÜSSE + AHORNSIRUP

Zubereitung: 20 Minuten   Ruhen: 3 Stunden   Backzeit: 30 Minuten

175 g Mehl
15 g Zucker
1 TL Salz
1 Ei
100 g weiche Butter
½ Würfel frische Hefe (20 g)

Zum Garnieren
100 ml Sahne
30 g Rohrohrzucker
2 EL Ahornsirup
15 g Haselnüsse

Den Backofen auf 160 °C vorheizen. Mehl, Zucker und Salz in einer Schüssel
vermischen und das Ei dazugeben.
Die Hefe in etwa 100 Milliliter warmem Wasser auflösen, zusammen mit der Butter
in die Schüssel geben und das Ganze 5 Minuten zu einem weichen, elastischen
Teig verkneten, falls nötig noch etwas Wasser oder Mehl hinzufügen.
Den Teig ausrollen, eine mit Butter eingefettete Tarteform damit auskleiden, mit
einem sauberen Geschirrtuch abdecken und 3 Stunden bei Raumtemperatur
gehen lassen.
Wenn der Teig aufgegangen ist, die Sahne mit Zucker und Ahornsirup verrühren.
Den Teig in der Mitte etwas eindrücken, die Sahne über den Teig gießen, mit
den grob gehackten Haselnüssen bestreuen und die Tarte 30 Minuten backen. Sie
ist fertig, wenn die Oberfläche goldgelb ist.

FRISCHKÄSE + SPEKULATIUS

Zubereitung: 20 Minuten Backzeit: 60 – 70 Minuten
Ruhen: 2 Stunden

200 g Spekulatius
50 g Butter, zerlassen
500 g Frischkäse
3 Eier
50 ml Sahne
150 g Zucker
10 ml Vanilleextrakt
abgeriebene Schale von 1 unbehandelten Zitrone
abgeriebene Schale von 1 unbehandelten Limette
50 g Mehl

Den Backofen auf 160 °C vorheizen. Den Spekulatius
zerkrümeln und mit der zerlassenen Butter vermengen.
Die Masse mit der Handfläche fest auf dem Boden
einer Tarteform verteilen und 25–30 Minuten backen.
Den Frischkäse mit den Eiern, der Sahne, Zucker,
Vanille, Zitronen- und Limettenschale glatt rühren.
Zum Schluss das Mehl unterrühren und darauf achten,
dass sich keine Klümpchen bilden.
Die Käsemasse in die Form gießen und die Tarte
35 – 40 Minuten bei 170 °C backen (sie ist fertig, wenn
die Oberfläche leicht gebräunt ist). Vor dem Servieren
mindestens 2 Stunden auskühlen lassen.

TARTE MIT TEECREME + KARAMELLKRUSTE

Zubereitung: 20 Minuten Backzeit: 20 – 25 Minuten
Ruhen: 2 Stunden

400 ml Sahne
10 g aromatisierter Schwarztee (ich nehme am
liebsten einen Tee mit Schokoladenaroma)
2 Eier
2 Eigelb
60 g Zucker
1 süßer Tarteboden, vorgebacken (siehe Seite 96)
20 g Rohzucker

Den Backofen auf 160 °C vorheizen. Die Sahne in
einem Topf aufkochen und vom Herd nehmen. Den
Tee hinzufügen und darin ziehen lassen, bis die Sahne
lauwarm ist. Die Sahne durch ein Sieb gießen. Eier,
Eigelbe und Zucker cremig aufschlagen und mit der
Sahne verrühren. Die Eiersahne auf dem Tarteboden
verteilen und 20–25 Minuten backen. Aus dem Ofen
nehmen, bei Raumtemperatur abkühlen lassen und
dann für 2 Stunden kalt stellen.
Vor dem Servieren den Rohzucker über die Tarte
streuen und kurz unter dem heißen Backofengrill oder
mit dem Gasbrenner karamellisieren. Die Tarte sofort
servieren, damit die Karamellkruste nicht weich wird.

KAROTTEN + FRISCHKÄSECREME

Zubereitung: 20 Minuten Backzeit: 20 Minuten

100 g Karotten
80 g Zucker
1 Ei
60 ml neutrales Pflanzenöl
1 TL Vanilleextrakt
100 g Mehl
1 gehäufter TL Backpulver
1 TL gemahlener Zimt
½ TL Vier-Gewürze-Pulver (Mischung aus Zimt,
Muskatnuss, Gewürznelke und Pfeffer)
1 süßer Tarteboden, vorgebacken (siehe Seite 96)

Für die Creme
85 g Frischkäse
40 g weiche Butter
1 TL Limettensaft
20 g Puderzucker

Den Backofen auf 160 °C vorheizen. Die Karotten
putzen und fein reiben.
Zucker und Ei verquirlen und das Öl und die Vanille
unterschlagen. Mehl und Backpulver mischen und mit
den Gewürzen und Karotten unterrühren.
Die Masse auf dem Tarteboden verteilen und 20 Minuten backen. Die Tarte aus dem Ofen nehmen und auf
einem Kuchengitter auskühlen lassen.
In der Zwischenzeit für die Creme den Frischkäse mit
der Butter, dem Limettensaft und dem Puderzucker
glatt rühren.
Die Frischkäsecreme mit einem Messer oder einem
Spatel auf der ausgekühlten Tarte verstreichen.

vorhergehende Doppelseite:
links: FRISCHKÄSE + SPEKULATIUS
rechts: TARTE MIT TEECREME UND KARAMELLKRUSTE

RHABARBER + MILCHREIS

Zubereitung: 20 Minuten   Ruhen: 2 Stunden   Kochzeit: 25 Minuten

200 g Rhabarber
50 g Himbeeren (frisch oder tiefgekühlt)
1 EL Butter
30 g Zucker
1 süßer Tarteboden, vorgebacken (siehe Seite 96)

Für den Milchreis
40 g Rundkornreis
125 ml Milch
1 Vanilleschote
30 g Zucker
100 ml Sahne

Den Rhabarber waschen, schälen und in Stücke schneiden. Die frischen Himbeeren verlesen.
Butter und Zucker in einer Pfanne schmelzen lassen. Den Rhabarber und die Himbeeren dazugeben und 10–15 Minuten garen, bis die Früchte sehr weich sind. Dabei eventuell etwas Wasser hinzufügen, damit das Obst nicht anhängt. Anschließend aus der Pfanne nehmen und abkühlen lassen.
In der Zwischenzeit den Milchreis zubereiten. Den Reis unter fließendem Wasser abspülen. Die Milch mit der aufgeschlitzten Vanilleschote aufkochen, den Reis in die kochende Milch geben und bei schwacher bis mittlerer Hitze 15–20 Minuten köcheln lassen, bis er die Milch vollständig aufgesogen hat. Dabei regelmäßig umrühren. Zum Schluss den Zucker unterrühren, die Vanilleschote herausnehmen und den Reis abkühlen lassen.
Die Sahne schlagen und vorsichtig unter den erkalteten Reis ziehen.
Das Rhabarber-Himbeer-Kompott auf dem Tarteboden verteilen, den Milchreis darauf verstreichen und die Tarte gut gekühlt servieren.

ROTE JOHANNISBEEREN + VANILLEPUDDING + BAISER

Zubereitung: 20 Minuten Backzeit: 30 Minuten

½ Rezeptmenge Mandelcreme (siehe Seite 98)
1 süßer Tarteboden, vorgebacken (siehe Seite 96)
200 g Rote Johannisbeeren, von den Rispen gestreift
1 EL Puderzucker

Für den Pudding

120 ml Sahne
1 Ei
1 EL Zucker
1 Päckchen Vanillezucker
1 TL Mehl

Für das Baiser

3 Eiweiß
120 g Zucker

Den Backofen auf 160 °C vorheizen. Die Mandelcreme auf dem Tarteboden
verstreichen und 10–15 Minuten backen.
In der Zwischenzeit sämtliche Zutaten für den Pudding mit dem Schneebesen
verrühren.
Die Tarte aus dem Ofen nehmen, mit der Hälfte der Beeren bestreuen, die
Eiersahne für den Pudding darübergießen und 15–20 Minuten backen, bis der
Pudding gestockt ist.
Die Eiweiße sehr steif schlagen und anschließend langsam unter ständigem
Schlagen den Zucker einrieseln lassen, bis eine glatte Baisermasse entstanden ist.
Die Tarte aus dem Ofen nehmen und den Backofengrill zuschalten. Die restlichen
Johannisbeeren (einige Beeren zum Garnieren aufheben) auf dem Pudding
verteilen, die Baisermasse mit einem Spritzbeutel aufspritzen oder daraufstreichen,
mit dem Puderzucker bestauben und die Tarte für 2–3 Minuten unter den heißen
Backofengrill schieben.
Die Tarte vor dem Servieren mit den restlichen Johannisbeeren verzieren.

SESAM-BLANCMANGER + KIWI + ERDBEEREN

Zubereitung: 20 Minuten   Ruhen: 3 Stunden

2 Blatt Gelatine (à 2 g)
140 g Zucker
25 g weiße Sesampaste (Tahin)
65 ml Vollmilch
250 ml Sahne
1 süßer Tarteboden, vorgebacken (siehe Seite 96)
1 Kiwi
100 g Erdbeeren

Die Gelatine in kaltem Wasser einweichen.
Den Zucker mit der Sesampaste und Milch bei geringer Hitze schmelzen lassen. Den Topf vom Herd nehmen, die ausgedrückte Gelatine einrühren und die Mischung abkühlen lassen.
Sobald die Mischung zu gelieren beginnt, die gut gekühlte Sahne sehr steif schlagen und unterziehen.
Die Creme auf den Tarteboden streichen und mindestens 3 Stunden im Kühlschrank ruhen lassen.
Die Tarte mit klein geschnittener Kiwi und Erdbeeren belegen und servieren.

BEEREN + GRÜNTEECREME

Zubereitung: 40 Minuten   Ruhen: 5 Stunden
Kochzeit: 10 Minuten

1 süßer Tarteboden, vorgebacken (siehe Seite 96)

Für die Grünteecreme
250 ml Milch
60 g Zucker
1 Ei
1 Eigelb
2 EL Matcha (japanisches Grünteepulver)

Für den Belag
125 g Erdbeeren
75 g Himbeeren
25 g Brombeeren
25 g Blaubeeren
25 g Honig

Milch und Zucker in einem Topf erhitzen, über das Ei und das Eigelb in einen zweiten Topf gießen und mit dem Schneebesen cremig schlagen. Den Topf auf den Herd stellen und so lange weiterschlagen, bis die Creme glatt ist und glänzt. Das Teepulver einrühren und die Creme für mindestens 5 Stunden kalt stellen.
Die kalte Creme auf dem Tarteboden verstreichen und mit den Früchten belegen. Eine Gabel in den Honig tauchen und die Früchte mit kleinen Honigtropfen überziehen. Die Tarte gut gekühlt servieren.

PFIRSICHE + MANDELGUSS + DRAGEES

Zubereitung: 30 Minuten   Backzeit: 20 Minuten

3 Pfirsiche
1 Ei
50 g Zucker
25 ml Sahne
20 g Mehl
1 TL Backpulver
20 g gemahlene Mandeln
2 EL neutrales Pflanzenöl
1 süßer Tarteboden, vorgebacken (siehe Seite 96)
25 g Zuckerdragees

Den Backofen auf 160 °C vorheizen. Die Pfirsiche einige Sekunden in kochendes Wasser legen, herausnehmen und die Schale abziehen. Die Früchte anschließend in Spalten schneiden.
Ei und Zucker verrühren und nach und nach die Sahne, das mit dem Backpulver vermischte Mehl, die Mandeln und das Öl hinzufügen.
Den Tarteboden mit den Pfirsichspalten belegen und die Mandelmasse darauf verteilen. Die Tarte mit den zerstoßenen Dragees bestreuen, 20 Minuten backen und lauwarm oder kalt servieren.

vorhergehende Doppelseite:
links: SESAM-BLANCMANGER + KIWI + ERDBEEREN
rechts: BEEREN + GRÜNTEECREME

WALNUSSSOUFFLÉ + APRIKOSENKONFITÜRE

Zubereitung: 20 Minuten   Backzeit: 25–30 Minuten

 2 Eiweiß
75 g Zucker
75 g Walnusskerne
abgeriebene Schale von 1 unbehandelten Zitrone
1 süßer Tarteboden, vorgebacken (siehe Seite 96)
1 EL Puderzucker
3 EL Aprikosenkonfitüre

Den Backofen auf 160 °C vorheizen. Die Eiweiße nicht zu steif schlagen. Den
Zucker sorgfältig unterrühren und zum Schluss die grob gehackten Walnusskerne
(einige ganze Kerne zum Garnieren aufheben) und die Zitronenschale unterheben.
Den Tarteboden mit der Aprikosenkonfitüre bestreichen, den Eischnee darauf
verteilen, mit den restlichen Walnusskernen verzieren und 25–30 Minuten backen.
Aus dem Ofen nehmen und den Backofengrill zuschalten. Die Tarte sofort mit
Puderzucker bestauben und den Zucker 2–3 Minuten unter dem Backofengrill
karamellisieren lassen.

HIMBEEREN + RICOTTA

Zubereitung: 20 Minuten   Backzeit: 25 Minuten

2 Eier, getrennt
250 g Ricotta
50 ml Sahne
100 g Zucker
1 TL Vanilleextrakt
1 EL Kartoffel- oder Maisstärke
1 süßer Tarteboden, vorgebacken (siehe Seite 96)
100 g Himbeeren

Zum Dekorieren (nach Belieben)
Schaumzucker-Erdbeeren oder frische Himbeeren

Den Backofen auf 160 °C vorheizen. Die Eigelbe
mit Ricotta, Sahne, Zucker und Vanilleextrakt
glatt rühren. Zum Schluss die Stärke sorgfältig
unterrühren.
Die Eiweiße steif schlagen und vorsichtig unterziehen. Den Tarteboden mit den Himbeeren belegen,
die Ricottacreme darauf verteilen und die Tarte
25 Minuten backen.
Auskühlen lassen und nach Belieben mit klein geschnittenen Schaumzucker-Erdbeeren oder ein paar
frischen Himbeeren verzieren.
Die Tarte vor dem Servieren für einige Stunden in den
Kühlschrank stellen oder raumtemperiert servieren.

161

ERDBEEREN + MINZE + TIRAMISUCREME

Zubereitung: 20 Minuten   Ruhen: 1 Stunde

2 Eigelb
50 g Puderzucker
2 Päckchen Vanillezucker
125 ml Sahne
100 g Mascarpone
1 süßer Tarteboden, vorgebacken (siehe Seite 96)
350 g Erdbeeren
10 frische Minzeblätter

Die Eigelbe mit dem Puder- und Vanillezucker schaumig aufschlagen.
Die Sahne steif schlagen und den Mascarpone unterziehen.
Die Mascarponesahne vorsichtig unter die Eigelbe heben und die Creme mindestens 1 Stunde im Kühlschrank ruhen lassen.
Den Tarteboden mit der Creme bestreichen, mit den entstielten und geviertelten Erdbeeren belegen und mit den fein geschnittenen Minzeblättern bestreuen.
Wer es lieber ein bisschen knackiger mag, kann die Minze wie auf dem Foto durch grob gehackte Haselnüsse ersetzen.

KARAMELLISIERTE NEKTARINEN + DATTELN

Zubereitung: 40 Minuten   Ruhen: 2 Stunden   Kochzeit: 10 Minuten

1 Rezeptmenge Konditorcreme (siehe Seite 100)
1 Vanilleschote
1 Blatt Gelatine (2 g)
200 ml Sahne
2 reife Nektarinen
2 EL brauner Zucker
1 süßer Tarteboden, vorgebacken (siehe Seite 96)
3 Datteln

Die Konditorcreme wie auf Seite 100 beschrieben zubereiten und die Vanilleschote und das ausgekratzte Mark hinzufügen. Die Gelatine in kaltem Wasser einweichen und am Ende der Kochzeit einrühren. Die Vanilleschote herausnehmen
und die Creme mindestens 2 Stunden im Kühlschrank ruhen lassen.
Die Sahne steif schlagen, mit einem Teigschaber oder einem Holzlöffel vorsichtig
unter die kalte Konditorcreme heben und die Creme erneut kalt stellen.
Die Nektarinen einige Sekunden in kochendes Wasser legen, herausnehmen, die
Schale abziehen und die Früchte in Spalten schneiden.
Den Zucker in einer Pfanne zerlassen und die Nektarinen 5–10 Minuten darin
karamellisieren. Dabei darauf achten, dass sie nicht anbrennen, falls nötig etwas
Wasser hinzufügen. Die Früchte aus der Pfanne nehmen und abkühlen lassen.
Den Tarteboden mit der Vanillecreme bestreichen, mit den Nektarinenspalten
belegen und die klein geschnittenen Datteln darauf verteilen. Die Tarte gut gekühlt
servieren.

GEBRATENE APRIKOSEN MIT ROSMARIN

Zubereitung: 20 Minuten Backzeit: 30–40 Minuten

500 g Aprikosen
1 süßer Tarteboden, vorgebacken (siehe Seite 96)
30 g gemahlene Mandeln
50 g Zucker
25 g Mandelblättchen
2 Zweige Rosmarin
1 EL flüssiger Honig

Den Backofen auf 160 °C vorheizen. Die Aprikosen waschen, halbieren und entsteinen.
Den Tarteboden mit den gemahlenen Mandeln bestreuen, mit den Aprikosenhälften mit der Schnittfläche nach oben belegen und mit Zucker und Mandelblättchen bestreuen.
Zum Schluss die abgezupften, klein geschnittenen Rosmarinblättchen darüberstreuen. Die Tarte mit dem Honig beträufeln und 30–40 Minuten backen, bis die Aprikosen leicht gebräunt sind.

KIRSCHEN + TÜRKISCHER HONIG

Zubereitung: 20 Minuten Backzeit: 20–25 Minuten

1 Rezeptmenge Konditorcreme (siehe Seite 100)
300 g Kirschen
1 süßer Tarteboden, vorgebacken (siehe Seite 96)
50 g türkischer Honig (weißer Nugat)

Den Backofen auf 160 °C vorheizen. Die Konditorcreme zubereiten.
Die Kirschen waschen, entstielen und nach Belieben entsteinen.
Den Tarteboden mit der Konditorcreme bestreichen und mit den Kirschen belegen. Den fein gewürfelten türkischen Honig darauf verteilen und die Tarte 20–25 Minuten backen.

BLAUBEEREN

Zubereitung: 20 Minuten Backzeit: 30–40 Minuten

450 g Blaubeeren (frisch oder tiefgekühlt)
50 g Puderzucker
2 EL Maisstärke
⅓ Rezeptmenge süßer Mürbeteig (siehe Seite 96)
1 süßer Tarteboden, vorgebacken (siehe Seite 96)
30 g gemahlene Mandeln
1 Ei

Tiefgefrorene Blaubeeren am Vortag auftauen und gut abtropfen lassen.
Den Backofen auf 160 °C vorheizen. Die Blaubeeren in einer Schüssel mit dem Puderzucker und der Maisstärke vermengen.
Den Mürbeteig ausrollen und mit einem Plätzchenausstecher Formen daraus ausstechen.
Den vorgebackenen Tarteboden mit den gemahlenen Mandeln bestreuen und die Blaubeeren darauf verteilen. Die ausgestochenen Plätzchen dekorativ drauflegen und andrücken.
Das Ei kräftig verquirlen und die Plätzchen damit bepinseln. Die Tarte 30–40 Minuten backen und vor dem Servieren auskühlen lassen.

vorhergehende Doppelseite:
links: GEBRATENE APRIKOSEN MIT ROSMARIN
rechts: APRIKOSEN + TÜRKISCHER HONIG

APRIKOSEN + SCHOKOLADENSTREUSEL

Zubereitung: 45 Minuten   Backzeit: 40 Minuten

200 g Aprikosen
50 g Butter
50 g Zucker
1 süßer Tarteboden, vorgebacken (siehe Seite 96)

Für die Streusel
100 g Zucker
60 g gemahlene Mandeln
120 g Butter
80 g Mehl
20 g Kakaopulver

Für den Pudding
100 ml Sahne
1 Ei
1 EL Mehl
1 EL Zucker
1 EL Kakaopulver

Den Backofen auf 170 °C vorheizen. Die Streuselzutaten von Hand oder in der
Küchenmaschine zu einem krümeligen Teig verarbeiten, auf einem Backblech
verteilen und 10 Minuten backen. Aus dem Ofen nehmen und abkühlen lassen.
Den Backofen auf 160 °C herunterschalten.
Die Aprikosen waschen, halbieren und entsteinen.
Die Butter in einem Topf zerlassen. Zuerst die Aprikosen und dann den Zucker
hineingeben und die Früchte etwas karamellisieren lassen. Aus dem Topf nehmen
und abkühlen lassen.
Die Puddingzutaten mit dem Schneebesen verrühren.
Den Tarteboden mit den Aprikosenhälften, Schnittflächen nach unten, belegen
und den Pudding darübergießen. Die Tarte 30 Minuten backen, aus dem Ofen
nehmen und sofort mit den Streuseln bestreuen.

BIRNEN + SCHWARZE JOHANNISBEEREN + MANDELN

Zubereitung: 45 Minuten   Ruhen: 12 Stunden
Backzeit: 20 Minuten

½ Flasche Rotwein
1 Zimtstange
1 Vanilleschote
abgeriebene Schale von 1 unbehandelten Orange
100 g pürierte Schwarze Johannisbeeren
1 EL Honig
3 Birnen (vorzugsweise Vereinsdechantbirne oder
Williams Christ)
1 Rezeptmenge Mandelcreme (siehe Seite 98)
1 süßer Tarteboden, vorgebacken (siehe Seite 96)
Schwarze Johannisbeeren zum Bestreuen
(nach Belieben)
30 g Mandelblättchen

Den Wein mit der Zimtstange, der aufgeschlitzten
Vanilleschote, Orangenschale, Johannisbeerpüree und
Honig aufkochen.
Die Birnen schälen, halbieren, die Kerngehäuse
entfernen und die Früchte 10 Minuten bei geringer
Hitze im Wein pochieren.
Die Birnen im Wein bei Raumtemperatur abkühlen
und danach mindestens 12 Stunden im Kühlschrank
durchziehen lassen.
Den Backofen auf 160 °C vorheizen. Die Birnen aus
dem Wein nehmen und gut abtropfen lassen.
Die Mandelcreme zubereiten und den Tarteboden
damit bestreichen. Die Tarte mit den Birnen (die
Hälften gegebenenfalls in Spalten schneiden) belegen,
nach Belieben einige Schwarze Johannisbeeren dar-
über verteilen, mit den Mandelblättchen bestreuen
und 20 Minuten backen.

TARTE À LA BLAUBEERMUFFINS

Zubereitung: 20 Minuten   Backzeit: 15–20 Minuten

1 Ei
125 ml Sahne
35 ml neutrales Pflanzenöl
1 TL abgeriebene Schale von 1 unbehandelten Zitrone
130 g Mehl
1 TL Backpulver
80 g Zucker
80 g Blaubeeren (frisch oder tiefgekühlt)
1 süßer Tarteboden, vorgebacken (siehe Seite 96)

Tiefgefrorene Blaubeeren am Vortag auftauen und abtropfen lassen.
Den Backofen auf 180 °C vorheizen. Das Ei mit der Sahne, Öl und Zitronen-
schale verrühren und das mit Backpulver und Zucker gemischte Mehl sorgfältig
unterziehen.
Die Blaubeeren unterheben, die Masse auf dem Tarteboden verteilen und die
Tarte 15–20 Minuten backen.

WEINTRAUBEN + ÄPFEL + HONIGKUCHEN

Zubereitung: 30 Minuten Backzeit: 25–30 Minuten

2 Eier
50 g Zucker
250 g Crème double
50 g Mehl
200 g Äpfel (Renette)
50 g blaue Weintrauben
1 süßer Tarteboden, vorgebacken (siehe Seite 96)
1 Scheibe Honigkuchen

Den Backofen auf 160 °C vorheizen. Eier und Zucker dickschaumig schlagen und dann nacheinander die Crème double und das Mehl unterrühren.
Die Äpfel schälen, vom Kerngehäuse befreien und in Würfel schneiden. Die Weintrauben abzupfen.
Den Tarteboden mit den Früchten belegen und die Eiercreme darübergießen. Den Honigkuchen in kleine Stücke schneiden, darüberstreuen und leicht in die Eiercreme drücken, damit er beim Backen nicht verbrennt. Die Tarte 25–30 Minuten backen.

MIRABELLEN + KANDIERTER INGWER

Zubereitung: 30 Minuten Backzeit: 25–35 Minuten

500 g Mirabellen
120 g + 2 EL Zucker
2 Eier
2 EL Crème double
60 g gemahlene Mandeln
abgeriebene Schale von 1 unbehandelten Zitrone
1 TL frisch geriebener Ingwer
1 süßer Tarteboden, vorgebacken (siehe Seite 96)
2 kleine Stücke kandierter Ingwer

Den Backofen auf 160 °C vorheizen. Die Mirabellen waschen, halbieren und entkernen.
Zwei Esslöffel Zucker in einer Pfanne schmelzen lassen und die Mirabellen 5 Minuten darin karamellisieren, ohne dass sie zerfallen. Aus der Pfanne nehmen und abkühlen lassen.
Inzwischen die Eier mit Crème double, Mandeln, dem restlichen Zucker, Zitronenschale und geriebenem Ingwer glatt rühren. Den Tarteboden mit der Creme bestreichen, mit den Mirabellen belegen und 25–35 Minuten backen.
Die Tarte auskühlen lassen und vor dem Servieren mit dem fein geschnittenen kandierten Ingwer verzieren.

APFELSTRUDEL MIT KORINTHEN UND MANDELN

Zubereitung: 1 Stunde Ruhen: 30 Minuten
Backzeit: 30 Minuten

Für den Teig
250 g Mehl
1 Prise Salz
2 Eier
4 EL Olivenöl

Für die Füllung
60 g Korinthen
4 Äpfel (Renette)
2 EL Olivenöl
3 EL Rohrzucker
1 TL gemahlener Zimt
2 EL Mandelkerne
1 Ei

Für den Teig das Mehl mit dem Salz, den verquirlten Eiern, Olivenöl und ein bis zwei Esslöffeln kaltem Wasser verrühren. Den Teig durchkneten, bis er glatt und elastisch ist, und mindestens 30 Minuten bei Raumtemperatur ruhen lassen.
In der Zwischenzeit die Korinthen in lauwarmem Wasser einweichen. Die Äpfel schälen, vom Kerngehäuse befreien und in kleine Würfel schneiden.
Das Olivenöl in einer Pfanne erhitzen und die Äpfel mit dem Zucker und Zimt darin anbräunen. Sie sollten sehr weich sein, aber nicht zerfallen.
Am Ende der Kochzeit die Korinthen und die grob gehackten Mandeln hinzufügen.
Den Backofen auf 160 °C vorheizen. Den Teig dünn zu einem Rechteck ausrollen, mit dem Apfelkompott bedecken, aufrollen und die Naht gut andrücken. Der Strudel kann auch in einem Ring oder einer Tarteform gebacken werden. Dann zwei runde Teigscheiben ausrollen, eine mit den Äpfeln bedecken, eine zweite Teigscheibe darauflegen und mit einer Gabel einstechen.
Den Strudel mit dem verquirlten Ei bepinseln, 30 Minuten backen und lauwarm oder kalt servieren.

vorhergehende Doppelseite:
links: WEINTRAUBEN + ÄPFEL + HONIGKUCHEN
rechts: MIRABELLEN + KANDIERTER INGWER

GRAPEFRUIT + PISTAZIE

Zubereitung: 30 Minuten   Backzeit: 30 Minuten

¼ Rezeptmenge Mandelcreme (siehe Seite 98)
100 g Crème double
2 Eier, verquirlt
10 g Pistazienpaste
1 große oder 2 kleine Grapefruits
30 g Pistazien, ungesalzen
1 süßer Tarteboden, vorgebacken (siehe Seite 96)

Den Backofen auf 160 °C vorheizen. Die Mandelcreme mit der Crème double, den verquirlten Eiern und der Pistazienpaste verrühren und zur Seite stellen.
Die Grapefruits mitsamt der weißen Innenhaut schälen und filetieren. Die Filets auf Küchenpapier gut abtropfen lassen. Die Pistazien grob hacken.
Den Tarteboden mit der Creme bestreichen, mit den Grapefruitfilets belegen und mit den Pistazien bestreuen. Die Tarte 30 Minuten backen und lauwarm oder kalt servieren.

KARAMELLISIERTE BLUTORANGEN + MANDARINE

Zubereitung: 30 Minuten   Backzeit: 25 – 30 Minuten

2 Blutorangen
1 Mandarine
2 EL brauner Zucker
1 TL Vier-Gewürze-Pulver (Mischung aus Zimt, Muskatnuss, Gewürznelke und Pfeffer)
½ Rezeptmenge Konditorcreme (siehe Seite 100)
150 g Zucker
3 Eiweiß
1 TL Zitronensaft
1 süßer Tarteboden, vorgebacken (siehe Seite 96)

Die Orangen und die Mandarine mitsamt der weißen Innenhaut sorgfältig schälen. Die Orangen filetieren, die Mandarine in hauchdünne Scheiben schneiden.
Den braunen Zucker in einer Pfanne schmelzen lassen. Das Vier-Gewürze-Pulver hinzufügen und Orangen und Mandarine darin karamellisieren. Anschließend aus der Pfanne nehmen und abkühlen lassen.
In der Zwischenzeit die Konditorcreme herstellen und abkühlen lassen.
Den Backofen auf 160 °C vorheizen. Den Zucker mit 500 Milliliter Wasser in einen Topf geben und 3 – 5 Minuten bei niedriger Temperatur erhitzen. Er darf dabei weder karamellisieren noch Farbe annehmen.
Inzwischen die Eiweiße mit dem Handrührgerät oder Schneebesen steif schlagen und zum Schluss den Zitronensaft hinzufügen. In den Eischnee den Zuckersirup in einem feinen Strahl einlaufen lassen; dabei laufend weiterschlagen, bis der Eischnee glänzt und feste Spitzen bildet.
Die Baisermasse vorsichtig unter die Konditorcreme heben und den Tarteboden damit bestreichen. Mit den Orangenfilets und den Mandarinenscheiben belegen und die Tarte 25 – 30 Minuten backen.

SCHOKOLADEN-PAVLOVA À LA MONTBLANC

Zubereitung: 45 Minuten   Ruhen: 3 Stunden   Backzeit: 1 Stunde

Für die Schokoladen-Pavlova

4 Eiweiß
1 Prise Salz
220 g Zucker
1 EL Zitronensaft
1 EL Maisstärke
1 EL Kakaopulver

Für den Montblanc

150 g *pâte de marrons* (Maronenpaste)
50 g Maronencreme
25 g weiche Butter
1 TL Rum
100 ml Sahne
30 g Zucker

Den Backofen auf 120 °C vorheizen. Die Eiweiße mit dem Salz in etwa 2 Minuten
mit dem Handmixer steif schlagen. Weiterschlagen und zwei Esslöffel Zucker und
den Zitronensaft hinzufügen. Anschließend den restlichen Zucker, die Maisstärke
und das Kakaopulver dazugeben und den Eischnee noch etwa 5 Minuten schlagen,
bis er glänzt und feste Spitzen bildet, wenn man die Rührbesen herauszieht.
Ein Stück Backpapier mit Öl einfetten, ein Backblech damit auslegen und einen
Ring daraufsetzen. Die Baisermasse in den Ring füllen und den Ring abnehmen.
Oder die Masse mit einem Spatel auf dem Backpapier zu einem Kreis in der Größe
der Tarteform verstreichen und eine kleine Vertiefung für die Füllung in die Mitte
drücken.
Das Baiser 1 Stunde backen, aus dem Ofen nehmen und auf einem Kuchengitter
auskühlen lassen.
Inzwischen die Maronenpaste mit der Maronencreme, der Butter und dem Rum
verrühren. Die Sahne sehr steif schlagen und den Zucker unterrühren. Die Hälfte
der Maronen-Butter-Mischung vorsichtig mit einem Teigschaber unterziehen und
die Maronensahne für mindestens 3 Stunden kalt stellen.
Die restliche Maronen-Butter-Mischung ebenfalls kalt stellen.
Das Baiser zunächst mit der Maronenbutter und danach mit der Maronensahne
bestreichen. Nach Belieben mit einem Teelöffel Kakaopulver bestauben und gut
gekühlt servieren.

ORANGE + KARDAMOM + INGWER

Zubereitung: 30 Minuten Backzeit: 25–30 Minuten

2–3 unbehandelte Orangen
1 EL Kardamomsamen
3 Eier
1 Eigelb
100 g Zucker
1 EL Maisstärke
100 g Butter, gewürfelt
1 süßer Tarteboden, vorgebacken (siehe Seite 96)

Für die Ingwersahne
200 ml Sahne
20 g Zucker
1 cm Ingwer oder 1 TL gemahlener Ingwer

Den Backofen auf 160 °C vorheizen. Die Schale von zwei Orangen abreiben und den Saft der Orangen auspressen, man benötigt 250 Milliliter. Orangensaft, abgeriebene Orangenschale und Kardamom in einem Topf bei niedriger Temperatur erhitzen. Den Topf vom Herd nehmen und das Ganze ziehen lassen.
Eier und Eigelb verquirlen und den Zucker und die Maisstärke unterrühren.
Den Kardamom aus dem Orangensaft entfernen, den Topf wieder auf den Herd stellen und die Eiermischung mit dem Saft bei niedriger bis mittlerer Hitze verrühren. Dabei kräftig mit dem Schneebesen schlagen, bis die Mischung eindickt.
Den Topf erneut vom Herd nehmen und die Butter einrühren.
Die Masse etwas abkühlen lassen, auf dem Tarteboden verstreichen, 25–30 Minuten backen und auskühlen lassen.
Sobald die Tarte ausgekühlt ist, die Sahne steif schlagen und den Zucker und den geschälten und geriebenen oder den gemahlenen Ingwer unterrühren.
Die Tarte mit der Ingwersahne bestreichen, nach Belieben mit Orangezesten garnieren und gut gekühlt servieren.

REZEPTREGISTER

ZUTATENREGISTER

DANK

Dank an Nicolas Bernardé für seine Bereitschaft, mich in einige seiner Geheimnisse und seine Techniken einzuweihen und sein enormes Talent mit mir zu teilen. Er ist in Frankreich einfach der Beste seines Fachs. An Liliane für ihre guten Tipps und an Laurence für die Beratung und Unterstützung in der Anfangsphase meines Abenteuers. An Olivier Malingue, Élodie Rambaud und Michaël Leon – die Zusammenarbeit mit ihnen hat viel Freude gemacht.

Dank an MERCI für das nette „Tarte-Fotoshooting" in den herrlichen Räumlichkeiten.

Dank vor allem an meinen Mann Didier und meine Söhne Simon und Arthur für ihre Geduld – und an Salomon, unseren Jüngsten, dafür, dass er mir einfach die Zeit gelassen hat, dieses Buch fertigzustellen …

Übersetzung aus dem Französischen: Barbara Holle

Textredaktion: Anja Ashauer-Schupp
Korrektur: Petra Tröger
Satz: Studio Fink, Krailling
Umschlaggestaltung: Caroline Daphne Georgiadis, Daphne Design

Die Deutsche Nationalbibliothek verzeichnet diese Publikation in der Deutschen Nationalbibliografie; detaillierte bibliografische Daten sind im Internet über http://dnb.d-nb.de abrufbar.

Printed in Spain by Gráficas Estella

ISBN 978-3-86244-066-5